オタク文化とフェミニズム

田中東子

青土社

オタク文化とフェミニズム　目次

III　オタク文化とフェミニズム

オタク文化とフェミニズム

はじめに

本書のタイトルを『オタク文化とフェミニズム』と付けたのには、二つの理由がある。

一つめの理由は、「オタク文化」という言葉がこれまで無意識のうちに「男性オタクの文化」として流通してきたことへの静かな異議申し立てである。「オタク論」とされるものはこれまで、ジェンダー的には無徴で中立的な言葉であるかのようにふるまいながら、主に男性オタクのための論であった。

読み進めてもらうと分かるように、本書は主に「女性オタクの文化」について書かれたものである。十年くらい前に本書を刊行していたなら、タイトルには遠慮がちに「女の」という文言を入れざるをえなかったことだろう。だが、この度は、特に断りを入れることなく堂々と「オタク文化」を名乗らせてもらおうと思う。

二つめの理由は、「オタク文化」と「フェミニズム」の相性の「良さ」と「悪さ」を、タイトルとして同時に示したかったからである。本書の第1章でも論じているように、いままでは経済活動のメインストリームに躍り出ているようにも感じられるオタク文化であるが、そもそもは、メインストリームの文化になじめない人たちの嗜好や趣味を共有する人たちが閉じられたコミュニティの中で語り合うためのサブカルチャーとして存在していた。特に女オタクにとっては、規範的な女性性から逃れるある種の逃走線としてオタク文化は大切な空間であった。

しかし、いまやオタクとその活動は、経済と消費の中心に迫《せ》り出しているし、その大半が異性愛主義の下で展開されていることから、女性による男性性の過度な消費という問題を引き起こしている。規範的な女性性からの逃避の先が、過剰なまでの男性性の消費、ということであるとすれば、それは脱出した先がユートピアの反転したディストピアであるということにもなりかねない。

したがって、本書では逃走線として機能するオタク文化と、ディストピアへの囲い込みとしてのオタク文化という両面価値的な側面を行き来しながら論を展開している。オタク文化は、つねにすでに両義的なものなのだ。

さらに、本書は全体を通して、現象そのものを実証することを目的とはしていない。それよりもむしろ、重要な問題、困難な状況が浮かび上がっていることを批判的に捉え、指し示すことが重要であると考えている。したがって、取り上げている現象にかかわる新聞記事や雑誌記事、論文、最近ではSNSでの投稿などを集め、スクリーンショットを保存して目を通しつつも、その数をカウントしたり、キーワードの数や関係性をコーディングしてまとめたり、というような手法は用いていない。

そういう意味で、本書は実証主義的な研究に基づく書籍ではない。しかし、返す刀で本書の内容が批評であるかと尋ねられたら、それもまた違うと答えざるをえないだろう。本書には幾人もの理論家や思想家、学者や評論家の言葉や概念や分析枠組みを引用し、現象に当てはめて考察をしている部分もあるが、コンテンツや作品の批評を行っているわけでもないからだ。社会現象を批評的に分解することを試みてはいるものの、批評のための理論を精緻化することを目的として分析を行っているわけではないのである。

ではどういう本なのか？ と説明を求められたら、首をひねりながら「あるオタクの研究者が、研究を目的としないままオタ活のフィールドに出て目にしたものを記述した記録のようなもの」と答えるのが適しているような気がする。つまり、「研究者」という超越的な主体がオタク文化をフェミニズムの視点から分析し、記述したのではなく、たまたま研究者の職にあるオタク女性が地面の上に立って身の回りの出来事を分析し、記述したら、たまさかそれが社会を批判的に捉えることになり、フェミニズムが問題としてきた事柄にあてはまってしまったのである。そういう意味で、本書は主観的に感情や感覚を交えて書かれているわけではないけれども、極めて一人称的な本であることは間違いないだろう。

天空から構えて論を振りかざすのではなく、地上から見上げて叫んでいる。

そんな本なのである。

I

「推し活」社会と私たち

第1章 「推し活」社会の現在地

「推し活」現象はどこからきたのか

この数年、あちこちで「推し活」や「私の推しは」という言葉を聞くようになった。

そもそも「推し」[1]という言葉はハロプロ（ハロー！プロジェクト）やモーニング娘。の現場で、「一推《いちお》し」や「二推《にお》し」という言葉が使われ始めて、そこから広がったと言われているが[2]、一気に知られるようになったきっかけはＡＫＢ48というグループアイドルの登場だった。ＡＫＢ48には総選挙で推しの子に投票する、つまり誰かを一番に選ぶカルチャーがあった（二〇〇九年から一八年のあいだ総選挙によってセンターが決められた）。グループの中で自分が推しているのは誰々であるという意味合いで、「推しのメンバー」という表現が使われるようになり、それが略されて「推しメン」という言葉が広がった。

二〇一〇年にはAKB48のチームBによる「チームB推し」という曲が作られ、八月の17thシングル「ヘビーローテーション」、翌年の22ndシングル「フライングゲット」など、誰もが知っているヒット曲が生まれることで、AKB48は国民的アイドルとしてお茶の間にすっかり浸透した。こうした背景のもと、二〇一一年のユーキャン新語・流行語大賞にも「推しメン」という言葉がノミネートされることになった。

同様に、「オタ活（オタク活動）」という言葉も当時から使われていた。現在も「オタ活」という表現は用いられているが、「オタ活」と「推しメン」の双方を含み込み、これら二つを複合した言葉として、徐々に「推し活」という言葉が広まっていったと考えられる。

本来「推し」という言葉は、「推しのメンバー」、「一推し」というように、好きで応援している対象そのものを示す言葉――つまり自分自身の気持ちや意思――ではなく「自分が愛を注いでいる相手や対象」を指し示す言葉だった。しかし、最近では「推し活」という言葉が広がり、「推しを応援する自分自身の活動」を中心に据えた表現として使われるようになりつつある。「推し」が「推し活」という言葉へと発展していく際に、どういうわけかその力点が、推す対象から自分自身へ、つまり推される側から推す側へと移動したのである。「愛でる対象」から、推し活をしている「自分自身」の活動に視点や力点が移っていったことは、ここ数年の推し活ブームにおける興味深い点ではないだろうか。

力点が移った背景として、この間に現代のファンカルチャーやポピュラーカルチャーの中ではオーディエンスやファンなど、消費者の活動が非常に活性化して目立つようになり、重要性を増した点を挙げることができる。かつて「消費者」という存在は、ただ一方的に与えられた文化を受容する受動的な存在だと考えられていた。そもそも「ファン」という言葉は、「ファナティック」という熱狂的で理性のない存在という意味の言葉を語源とし、使われ始めたものだが、今日のファンやオーディエンス、視聴者や消費者は、単なる受け身の存在ではなく、その文化と接触することを通じて新たな表現を生み出し、コミュニティを形成し、文化そのものを創出する存在として捉えられるようになった。消費者の能動的な部分に分析の視点が移っていった流れと、「推される対象」から「推す自分」にファンカルチャーやオタクカルチャーの力点が移っていったことの間には、なにかしらの相関関係があるように感じられる。

さらに、「オタ活」と「推し活」という言葉は似ているようでいて、両者には微妙な違いが存在している。「オタ活」というのは、一部の熱狂的でマニアックな人々、つまり「オタク」の活動を示すものとして古くから使われていたが、「推し活」はもう少しカジュアルで、ライトな言葉である。「オタ活」、「オタク」というとアニメやマンガなど特定の文化をディープに愛するファンの人たち、愛好者の人たちというニュアンスをまとうのに対して、「推し活」という言葉はより多様な対象を愛でる行為を表現するものとして使われる。例えば、「推しスイーツ」や「推しぬい（推しのぬいぐるみ）」、「推しグッズ」といったように、アイドルなどのオタクカルチャーとは異なる対象を愛でる活動さえも、「推し〇〇」という言葉で表現されているからである。

そうした意味で、「推し活」はいまや、「好きなものを応援する」くらいの軽めのニュアンスでも使われるようになった。第3章でも見ていくように、このようなカジュアル化は商品を売りたい企業やマーケティングにとって非常に都合が良いようで、「推し活」や「推す」という言葉はとりわけ経済領域で好意的に用いられつつある。

ところが他方で、「推し活」という言葉は、非常に重い意味で使われ始めてもいる。「推す活動=推し活」には、ファンの能力や力量のようなもの、総力戦といった意味合いが含まれる場合がある。アーティストの坂本美雨氏は、推し活を特集した『週刊文春WOMAN』二〇二三年秋号で、対談相手である脳科学者の中野信子氏にこんな発言をしている。


BTSの人気は物理的にファンが作ったもの。アーミーたちが発見して、ラジオでオンエアするためにリクエストをしたり、賞レースで投票したり、そういう組織立った押し上げ作戦がありました。お金、時間、労力を注いでみんなで押し上げたんです。(八二頁)

彼女はこのように、推し活とは、自分の推しを応援するために組織だって「お金、時間、労力」を捧げること、ファンによる熱い戦いであるという発言をしている。同様に、推し活について『静岡新聞』の取材を受けた際に、私自身も次のように話したことがある。

現在の推し活は女性の存在感が増し、活動の語り手にも女性が増えた。（略）〔推し活拡大の背景には〕エンターテインメントの拡大がある。大手事務所のアイドルから地下アイドル、一般のインフルエンサーまでコンテンツが膨大になり、脚光を浴びるための競争率は高い。そのあまたの競争相手から、自分がこれぞと思う相手を推し上げなくては、という心理が生まれてきた。（略）メディアの在り方の変化も大きい。かつてはマスメディアが独占的に情報を発信していたが、今ではファン同士がSNSなどで常時連携しながら、思いのままに情報を発信できる。ファン自身が宣伝を担い、デジタル配信サービスやユーチューブの再生回数を稼ぐなど影響力を発揮している。推し活をする側にも、自ら宣伝しようという意思がある。画像編集などにたけた若い子たちの発信力はすごい。売り手側も、例えばアイドルのデビュー前から映像や音源を公開し、加工してSNSに投稿するように呼びかけるといった、ファン参加型のプロモーションを行っている。（「女性の分断、解消する力」『静岡新聞』二〇二三年五月一九日）

つまり、「推し活」にとって、お金・時間・労力を注いでいるということは極めて重要な点であり、エンターテインメントの供給側は、もはやそのことを織り込んだうえで、タレントやコンテンツを生産している。

このように言葉の軽やかな広がりとは反して、「推し活」という言葉には、主体的かつ積極的で参加型の活動という意味が含まれており、それは決してカジュアルでライトなものであるだけではなく、人生のすべてを捧げて活動するという非常に重い意味も含んでいるのである。

次に、さきほどの『静岡新聞』の記事で私が述べた「推さなくてはならない理由」についても補足しておく。オタクたちの活動が、「応援」から「推す」という行為に変わっていった別の背景には、二〇一〇年代の秋元康がプロデュースしてきたようなアイドル、つまり、グループアイドルの人数が大規模化したことが影響している。アイドル研究者でライターの香月《かつき》孝史氏は、著書『乃木坂46のドラマトゥルギー――演じる身体／フィクション／静かな成熟』で、舞台演出家の加藤直《ただし》氏のインタビューを引用し、「アイドルが大量生産される商品となった」という話をしている。この本で香月氏は、この発言を、大量生産されるがゆえに、いろんな状況やジャンルの仕事に応じる対応力や順応力がアイドルの新しいプロフェッショナル性として出てきて、アイドルの仕事の価値を高めていると好意的に解釈している。しかし、「推し活」という言葉を念頭において加藤氏のこの発言を読み直してみると、「大量生産される商品」と化した無数のアイドルの中から、ファンは自分が愛を捧げた相手を少しでも上へ上へと押し上げていかなければならないと感じるようになり、単に「好き」というだけにとどまらず、「押し上げる」こと、「推す」ことへとその感性を転換していったのだと推論してみることもできる。

そしてさらなる背景として、メディア環境のデジタル化に伴って、ポピュラー文化のコンテンツが非常にたやすくグローバルに流通するようになったことも挙げられるだろう。J-POPのアーティストや日本のアイドルは好むと好まざるとにかかわらず、K-POPのグループもしくはそれ以外の国や地域の様々なアーティストやアイドルとの競合関係に入ったからである。

かつては基本的には一人で、多くても二〜三人組で活動していたアイドルが、大人数のグループに所属するようになり、競合する国内グループの数も増え、さらにグローバルな競争の中でファンの選択肢が拡大していったことから、単に「好き」という状態にあるだけでは足りなくて、「推す」という能動的な関わりへと私たちの感性が転換していった／いかざるを得なかった、ということが「推し活」という言葉が広まった最大の理由であると私自身は考えている。

私たちは現在、グローバルな競争、大量のアイドルやコンテンツの間の競争のただなかで、「あの人ではないこの人」、「あの作品ではないこの作品」という選別を迫られるようになった。そうした選別を迫られた「推し活」は、気付けば非常に競争主義的なものと化し、自ら主体的に参加してより積極的に「推し」を応援しなければならないという意味で、現在の経済体制であるネオリベラリズム的な主体の在り方と非常に相性がいいとも考えられる。そのため、たとえば株の投資に近いような主体性、参加意欲、感性のようなものが、「推し活」の広がりを駆り立てているのである。

メディア化される「推し活」現象

ここまで「推し活」ブームが登場した文脈や背景について説明してきた。次に、「推し活」という言葉が、いつごろからさまざまなメディアに取り上げられるようになったのか、簡単にみていく。

新聞やテレビなどの伝統的なメディアに「推し活」という言葉が登場するのは、案外、最近のことである。新聞の場合、一番早く「推し活」を取り上げたのは『日本経済新聞』だった（以下、『日経新聞』とする）。『日経新聞』が最初に取り上げたという事実は、ネオリベラリズム的な現在の経済システムと推し活的な感性が非常に相性がいい、という前節での仮説にも当てはまるように感じられる。一般紙である『朝日新聞』、『毎日新聞』、『読売新聞』よりも、経済系の『日経新聞』がいち早く推し活に目をつけて記事にしていることは、推し活が経済活動にとって意義があると捉えられている証拠であるからだ。「推し活」はマーケットと相性が良く、モノやコトを売りたい人たちにとって便利な言葉なのである。

『日経新聞』が最初に「推し活」を記事に取り上げたのは二〇一九年二月、『朝日新聞』は二〇一九年八月、『毎日新聞』は二〇一九年一〇月だった。『毎日新聞』の記事は推し活そのものではなく「推し鍋」、つまり「鍋」に「推し」という言葉をつけて「どの鍋が好きですか？」というオススメしたい鍋の話題を記事にしていた。『読売新聞』だけ少し遅れて二〇二一年四月に、初めて「推し活」の記事を登場させている。二〇一九年から現在にかけて、『日経新聞』と『朝日新聞』ではそれぞれ百本から百数十本におよぶ記事を掲載しており、「推し活」が非常に注目され、記事になりやすい言葉であったことが見て取れる。

辞書に登場したのも同じ時期で、二〇一九年九月発行の『大辞林』第四版では「特に応援していること、ファンであることを言う若者言葉」として「推し」という項目が立てられるようになり、二〇二〇年一二月発行の『明鏡国語辞典』第三版にも「特に引き立てて応援している人や物、お気に入り」として「推し」という言葉が記載されている。辞書への掲載時期を鑑みても、一般的な用語となったのが二〇一九年から二〇年にかけての時期であることがうかがえる。

評論家の三宅夏帆氏による「物語のふちでおしゃべり」というエッセイでは、次のような情報が紹介されていた。オタク女性ユニットの劇団雌猫《げきだんめすねこ》が二〇一七年に出した『浪費図鑑――悪友たちのないしょ話』では、「オタク」という言葉は使われているものの「推し」という言葉は一切出てきていないというのである。しかし、同じ劇団雌猫の刊行した二〇二二年の本のタイトルは、『世界が広がる　推し活英語』である。つまり、「推し」や「推し活」という言葉は、やはり二〇一九年から二〇年頃急速に広がり、一般化されるようになったのである。二〇二一年にはユーキャン新語・流行語大賞に「推し活」という言葉がノミネートされ、同じ二〇二一年には「#推しのいる生活」という言葉のついた投稿がインスタグラムで増加し、推しのイメージカラーを採用した文房具がヒットするなど、「推し活」が社会現象化するようになった。

雑誌などで「推し活」、「推し」という言葉が登場した時期を調べてみると、やはり時期は重なっている。『ユリイカ』二〇一九年一一月臨時増刊号（総特集＝日本の男性アイドル）では筒井晴香氏が「「推す」という隘路とその倫理――愛について」という論稿を書いている。この論文は、少なくとも私の周辺のオタク女子たちの間ではものすごい勢いで話題となり、先述したような「推し活」が人口に膾炙《かいしゃ》するようになった時期から考えると非常に先進的かつタイムリーなものであった。さらに、『ユリイカ』二〇二〇年九月号（特集＝女オタクの現在――推しとわたし）では、特集のサブタイトルに「推し」という言葉が入り、目次にも「推し」に関する論稿が複数、掲載されている。この特集号で私は、中村香住氏と劇団雌猫のひらりさ氏と三人で鼎談をし、「あなたのオタ活はいつから?」というような話を繰り広げたりしているのでぜひ読んでいただきたいのだが、改めて読み直してみたところ、その中で私自身も「推し」や「推し活」という言葉を使っていた。その他にも一般読者向けの商業雑誌、例えば『婦人公論』のような雑誌にこれらの言葉が出てくるのは二〇二二年頃からであり、最近は「推し」や「推し活」という言葉に着目する学術論文まで書かれるようになっている。これらの論文は二〇二一年頃から登場し始め、現在ではますます増えている。

「推し活」に言及する雑誌記事や新聞記事によると、「推し活」はもともとアイドルやキャラクター、二次元キャラクターなど、オタクと呼ばれる人々が好むものを対象とし、それを推すオタクの活動を示すものであったと説明されている。しかし、この言葉は瞬《また》く間に、より広い領域で流用されるようになった。

その一つは漫画や文学、エッセイなどの領域で、実用書も含まれる。小説だと芥川賞を受賞した宇佐見りん『推し燃ゆ』（河出書房新社、二〇二〇年）、河崎秋子『介護者D』（朝日新聞出版、二〇二二年）、さらに二〇二三年四月一日から『日経新聞』で朝井リョウが推し活をテーマにした小説「イン・ザ・メガチャーチ」を連載した。実用書では、劇団雌猫が監修した『世界が広がる推し活英語』（Gakken、二〇二二年）、『世界が広がる　推し活韓国語』（Gakken、二〇二三年）や、三宅香帆『推しのすばらしさを語りたいのに「やばい！」しかでてこない』（ディスカバー・トゥエンティワン、二〇二三年）などがある。これらは実用書として、世界のオタクとの外国語による会話術や、推しの素晴らしさを語るために文章力を磨く方法を学べる内容になっている。意外なところでは、二〇二四年二月の京都市長選のポスターで推し活にあやかった「推し選」という言葉が使われ、政治の領域にまで広がりをみせている[3]。

テレビを見てみると、NHK「あさイチ」や「クローズアップ現代」で特集され、「推し」をテーマや番組名に冠したバラエティ番組が制作されている。バラエティ番組では「推しといつまでも」（二〇二三年四～九月）[4]、ドラマでも「推し」をタイトルに入れたり、主題にしたりする物語が制作されるようになった[5]。

心理学・自己啓発・幸福度・健康・介護・医療といった医療健康系の領域でも推し活は活用されている。「推しのために頑張る」、「推しが生きがいになる」、「推し活は心の栄養」、「脳に良い」

（⁉）、などウェルビーイングの向上と結びつけられる形で「推し活」という言葉がもてはやされている。例えば、久保（川合）南海子氏による『「推し」の科学――プロジェクション・サイエンスとは何か』という本では、認知科学の視点からどうして人間が「推す」という行為にハマるのか、それを対象に働きかけるプロジェクションという心の動きに注目して推し活を分析している。本書ではさらに推し活は生きる力を育む、という文章も書かれている。久保（川合）氏自身は、別のところで、推し活のポジティブな面ばかり主張してしまってネガティブな面を見なくていいのかという批判があったと書いているものの、心理学や認知科学の研究者たちは推し活のポジティブな側面を的確に捉えることができている。久保（川合）氏が主張するプロジェクションという側面、つまり自らが相手に自らを投影する、積極的に関わっていく、身を投げ出すといった形で推し活が生きがいをもたらし、エネルギーを生み出すというのは、一方ではとても正しい評価であり、推し活にはまさにそういった面があるといえるだろう。

「心理的所有感」という観点から、推し活は幸福度に影響を与えるという調査も行われている（井上・上田「アイドルに対するファンの心理的所有感とその影響について」）。「心理的所有感」とは、法的に所有していたり経済的に実際に所有していたりするかどうかではなく、アイドルやキャラクターを心理的に自分のものであるとみなして自らの幸福感を高めていくことで生まれる感覚である。この感覚は、推し活をする人に非常に良い影響を与えているそうである。

その他にも、ストレス対処方法の調査のために、「推し活」が新しいカテゴリーとして重要になったという論文も書かれている（千・針塚・古賀「大学生のストレスコーピングの列記と共有の体験の効果」）。推し活はストレスを抱えている人々の解決策になりうる、という形で心理的な諸問題を解決する新たなカテゴリーとして位置付けられているのである。

同様の研究で、推し活が健康や自己肯定感の向上をもたらすという分析もあるし、新聞などでよく見られる記事では、高齢者が推し活を通じて元気になるというパターンもある。「推し活で若返り」、「孫と推し活」、「推し活を通じて語学の勉強を始めて海外旅行に行きました」、など推し活を通じて活発に活動するようになったという記事は枚挙にいとまがない。

興味深いのが、植木重治氏の「医科学コミュニケーションに「推し活」を導入する」という論文である。自分の専門分野に籠って蛸壺《たこつぼ》化している医師たちが「免疫○○推し」や「○○細胞推し」というように、推し活的な振る舞いをすることで、医科学の医師同士のコミュニケーションが活性化し、蛸壺化した医療の領域に横穴を開ける良い手段になるという論文で、推し活から展開される議論の広さに驚くばかりである。

コバルト文庫で活躍している作家の須賀しのぶは、自身のエッセイ「須賀のスガスガしくない話」の中で、コロナ禍に『刀剣乱舞』にはまって博物館へ刀を見に行ったところ、刀は数百年にわたって、美しいままシュっとしていて、それを見て自分自身の「怠け癖まるだしなみっともない体」に羞恥心を覚え、食生活を見直し、筋トレと有酸素運動をバリバリこなして八キロ痩せましたと書いている。こういう人は結構いるのではないだろうか。推しと会うために自分自身のシエイプアップを頑張り、かわいくきれいにしてアンチエイジングに励むというような、そういう自らのファッションやスタイル、ダイエットなど、ボディコンシャスのために推し活を効果的に使うのである。

その他に推し活の活用法として注目すべきなのが、科学・テクノロジーとの関係である。カシオ計算機がサンリオの人気キャラクターをあしらったネイルをペイントできるネイルプリンターを開発し、推し活と技術開発を結びつけている。「NFT（非代替性トークン）」にも推し活は効果を発揮しつつある。これまで複製し放題だったデジタル商品であるが、最近はデジタルのコンテンツ一つひとつに「非代替性トークン」と呼ばれるマーキングが施され、デジタルではあるけれども複製できず、世界で唯一無二の作品であるとか、個数限定でデジタルの作品を作ってこの限定品だけがオリジナルの本物であるというような、デジタルデータやデジタル作品の本物性を保証するシステムとして「NFT」が活用されている。具体的には、メディアドゥが展開しているNFTトレカ付き書籍や、リアルやウェブ上でのアニメイベントの参加履歴やグッズ購入履歴など、NFTの技術と推し活は非常に相性が良いのである。他にもアニメーションの原画を売ったり、デジタル原画を売ったり、音声付きブロマイドを販売したり、動くトレカや動画などの提供も行っている。

このNFTはブロックチェーンという新技術を運用して機能しており、分散型のトークンベースの経済活動を可能にする技術は「Web3.0」と呼ばれている。現在私たちが使っているインターネットは「Web2.0」というシステムで、Google や Facebook（現 Meta）などの大企業がプラットフォームを作って管理し、私たちはただそれを使わせてもらっているにすぎない。いわば路線を確定し電車を提供する鉄道会社と運賃を支払って乗るだけの乗客のような関係なのが「Web2.0」だとすると、「Web3.0」はプラットフォーム企業がすべてのルールを決めて統括するのではなく、使う人一人ひとりがインターネットやデジタル技術を個別に使用していくというもので、現在急ピッチで開発が進められている。まだあまり実用化されていないが、こうした技術の普及にはやはりオタク文化やアダルトコンテンツが必須なのか、オタクたちは現在NFTを拡大したい企業などにターゲット化されているようである。

また、二〇二三年六月から PayPay フリマがグッズ交換機能の提供を始めた。推し活の際にファンは、自分の推し以外のブロマイドや缶バッジやアクリルスタンドが封入されている場合もあるブラインドの商品を購入する。こうしたグッズはランダムに商品が渡されるため、くじ引きに似た楽しみがあることは間違いないし、自分の推しを引き当てるまで、数多くのグッズを買い続ける人もいる。あまりたくさん買えない人や、手元に引いた関心のないタレントやキャラクターのグッズを、自分の推しの写真や絵の入ったグッズと交換するために、X（旧 Twitter）などで、お金を介さずにグッズとグッズを等価交換する「グッズ交換」がオタクの間では盛んに行われている。しかしこれは個人間で行うとトラブルが多くなるため、手数料八円、送料一七五円で、PayPay フリマが仲介して場所を提供したのである。

拡大される「推し活」論議

最近では推し活批評のようなものも次々と登場している。三浦展《あつし》氏の『孤独とつながりの消費論——推し活・レトロ・古着・移住』では、サブタイトルに「推し活」という言葉が入っている。三浦氏は、趣味的消費が最近では非常に増えてきたと主張して、次のように述べている。

推しの対象は、俳優、お笑い、スポーツ選手、地下アイドルなどなどに及び、あるいはアニメキャラクター、ゆるキャラのぬいぐるみでもよい。

推し活は、自分が誰かを推す（愛する・応援する）とともに、推しているタレントからの愛を求めるところがある。推し活や応援消費は自分が応援すると同時に相手から応援されるという相互感覚が大事なのではないかと思われる。（二〇—二一頁）

また、三浦氏は孤独感と消費を結び付け、「推し活とは孤独者の宗教である」というテーゼを掲げて推し活を批評していく。三浦氏によると、推し活関連消費は、未婚女性と既婚男性、二〇代パラサイトシングルの男女と一人暮らし女性で多い傾向にある、そして、「孤独を感じる人のほうが消費額が多い」(四三頁)とのことである。さらに、二〇代、三〇代の女性の中で、好きなタレントやアーティストのグッズ購入、追いかけをする人が増えている、とも述べている。調査に基づいて分析してはいるものの、推し活をしている女性たちからは、「そうかもしれないけど、それが全てではないような……」と反発的な感情を抱かれそうなことを躊躇《ためらい》なく書いている。二〇代、三〇代の独身女性は孤独だから消費活動に没頭して心を満たしている、という主張はありきたりでいささかステレオタイプ的でもあり、インタビュー調査などで消費活動の内実を補足する必要を感じる。

二〇二一年にはK-POP研究者の吉光正絵氏が「ライブ・エンターテインメントとファン活動――COVID-19自粛期間の「推し活」」という論文を書き、自粛期間の推し活について行った調査結果をまとめた。副題に「COVID-19自粛期間の「推し活」」とあるように、新型コロナの自粛期間中にそれまでオタク活動をしていた人たちが公式グッズの購入による金銭的支援やオンラインでの有料配信イベントへの参加、SNSを利用した宣伝活動などを行っていたことが、アンケートやインタビュー調査の結果から明らかにされている。同時に、これまであまり推し活をしていなかった人たちが、コロナ禍の自粛期間中の一人で家にいる時間にYouTubeなどで動画を視聴してどんどんめり込んで新たにはまり、自粛期間が終わるやいなやライブやコンサートに行き、推しに会いに行き、活動が(感情が?)大爆発するというような、そんな形で広がっていったとも言及されており、この間の「推し活」の広がりを実証的に確認できる研究だ。

ここまで見てきたように、言葉の広がり、そして使用される領域の拡大を追っていくと、コロナ禍の自粛期間に「推し」や「推し活」が過熱し、その後ブームと言えるほどの広がりになったことが見えてくる。このことは、「推し活」という現象が新聞やテレビで報じられるようになった時期とほぼ重なっている。

その他にも、「推し活」という言葉の誕生以前から、類する活動はあったのだという指摘もある。例えば、二〇二三年四月二四日から八月六日まで早稲田大学の演劇博物館（エンパク）で「推し活！展――エンパクコレクションからみる推し文化」という展示が行われた。エンパクの展示では、「集める」「共有する」「捧げる」「支える」という推し活を構成する四つのキーワードが導き出され、エンパクの所蔵物から展示物が選び出されていた。この企画を担当した早稲田大学の赤井紀美氏は『週刊文春WOMAN』二〇二三年秋号で、歌舞伎学会会長でエンパク館長でもある児玉竜一氏と対談している。対談では、能楽や歌舞伎のスターシステムや相撲のタニマチなども今でいう推し活ですよね、といった話が展開されている。英文学者で評論家としても著名な北村紗衣氏の著書『シェイクスピア劇を楽しんだ女性たち』では、一七世紀から一八世紀半ば頃までの時期に当時の著名な作家や宮廷人から一読者、一観客にいたる女性ファンがどのように演劇文化を支えてきたかイングランドの社会文化的文脈とともに論じられている。つまり、一七世紀から一八世紀頃のヨーロッパにもお芝居に熱狂したり、書籍を集めたりと、推し活に類するようなファンの活動があったということなのだ。

さらに、一九八〇年代アイドルの親衛隊《しんえいたい》やファンの私設ファンクラブも同様の活動を行っている。一九八〇年代には漫画家にも私設ファンクラブがあり、さまざまな活動をしていた。熱烈なファンレターを書いて送りつけたり、有名な話としては、漫画家の竹宮惠子氏と萩尾望都氏が「女版トキワ荘」と呼ばれるアパートに住んでいた際に、二人の熱烈なファンがきて、その後、竹宮氏のマネージャーになったこともあった。(6) 宝塚のファン文化には応援しているタカラジェンヌを指す「ご贔屓様《ひいきさま》」という言葉もあり、こういったものも今から遡って考えてみれば推し活と言えるかもしれない。

このように、実は古今東西、推し活に類する文化が存在していたと、いくらでも指摘できるのである。何かを好きになって支えたり集め、仲間ができて好きだという感情を共有し、自らの時間と労力と金銭を捧げることは、文化と市場と人間が存在している限りあり得るからである。ただ、「推し活」という新しい言い回しが誕生しているということは、当然、今日の推し活ならではの現在性があるわけで、その特質や特殊性というものをきちんと見ていく必要があるだろう。

では、今日の推し活の特徴とはなんであるのか?

端的に回答するなら、一つは経済至上主義のイデオロギー、いわゆるネオリベラリズム型経済という文脈の中で展開されていることであり、もう一つはデジタルプラットフォームの中にエンターテインメント産業が取り込まれている、ということになるだろう。これら二つが、推し活の現場を消費行為とシームレスにつなげる形で、労働と搾取を生成しているからである。第2章と

第3章で、こうした点を中心に「推し活」の現代的特質について考えていくことにする。

ここまで推し活の語源や背景、推し活が社会の中でどのように広がっているか見てきた。最後に、推し活ブームの広がりに伴う課題について少しだけ考えてみたい。

デジタルプラットフォームでの推し活は、推し活にかける労力をいろいろなところで搾取させている。私たちは推し活によって、お金だけでなく時間も労働も搾取されている。労働の搾取とは、例えばファンが推しを応援するために、YouTubeで公開された公式の配信動画やMVを自前のPCやスマホやパッドで再生し続けて再生回数を増やし、SNSで必死に宣伝するなど自分自身の時間を捧げることが含まれる。しかし、本来、動画を再生させるために宣伝を行うといった「お仕事」は、マーケターや広告代理店が賃金をもらいながら遂行するべきだ。ファンというのは、エンターテインメント産業が提要するタレントやコンテンツを「消費する」存在で良かったはずなのである。にもかかわらず、昨今の推し活の現場では、ファンの愛情が利用され、ファンたちは積極的に推しのために活動し、宣伝や普及させるための行動に誘《いざな》われている（もちろん、ファンはそれを愛する推しのための自発的な行動であると感じてもいる）。ファンは宣伝することでお金を稼げるわけでもないのに、タダ同然で自身の時間と労力を広告宣伝に捧げている。頭のどこか片隅では、「なんでこんなに頑張ってるんだろう?」と疑問に感じつつ、推しを推したいから、モヤモヤしながらも時間と労力（と資金）を投資し続けるのである。そうした関係について、はっきりと搾取の構造だと指摘し、真剣に語ってみることには十分価値があると感じている。

さらに、「推し活疲れた」という話がここ数年登場している。先ほども例に挙げた三宅香帆氏は連載「物語のふちでおしゃべり」の中で、推し活ブームを四つの時期に区分している。一つめは「推しメンの誕生」（二〇一一年頃）、二つめは「オタク」の蜜月期（二〇一二〜一九年頃）、三つめが「推し」ブームのメジャー化（二〇二〇〜二二年）、最後が「推し」がしんどい期（二〇二三年〜）で、今は「推し」がしんどい期だというのである。雑誌『ダ・ヴィンチ』も、二〇二三年二月号で「推しがしんどい〜推しがいないのもしんどい〜」特集を掲げ、『日経新聞』は「推し疲れ」に関する記事を載せている。

教育者で作家の鳥羽和久氏は著書『「推し」の文化論――ＢＴＳから世界とつながる』の中で、このように述べている。

BTS＝ARMYは世界のどのファンダムよりも巨大でありながら、資本主義社会の軽薄さに抵抗するポテンシャルを秘めた存在です。しかしながら、現実的にはファンたちの多くは日々量産されるコンテンツに追われながら、供給されるままに消費するばかりの主体です。「コンヴァージェンス・カルチャー」（参加型文化）は大義として利用されるばかりで、主体的に関わろうとすればするほどむしろマーケティングに利用されてしまう、そういう構造ができあがっています。（一五五頁）

世界最大級のアイドル産業の象徴ともいえるＢＴＳのファンダムを例に、島羽氏は、「資本主義社会の軽薄さに抵抗するポテンシャル」をもっていながらも、ファンダムがマーケティングにのみこまれてしまっていることを指摘している。

推し活が経済的な搾取の問題を隠蔽しながら行われているとか、「推し疲れ」つまりお金と時間と労力を吸い取られて疲れが出始めているといった話について、もっと率直かつ批判的に語られてしかるべきなのだ。しかし、日本のファン文化の中で、こうした問題について率直に語ろうとする人たちは、まだ少数派である。

さらに最大の問題は、本章でも紹介したように、いまや推し活があらゆる問題を解決する万能薬のように取り上げられていることである。メディアに踊るのは、脳を活性化し、健康を維持し、人間らしく生き生きと楽しく生活でき、自己肯定感が上がり、痩せてきれいになり、友達ができて、停滞した日本経済さえ回復させてくれる「推し活の効能」である。とはいえ、もし推し活が本当にあらゆる問題を解決してくれるとするならば、その存在はかなり胡散臭《うさん》いものと言えるのではないだろうか？

個人を取り巻くあらゆる問題の処方箋として推し活を賛美してしまうなら、あらゆる社会問題の解決の責任は、個人の水準で解決できる程度の問題、つまり「自己責任」だということにされてしまう。それは、ネオリベラリズム型の言説と私たちの人生を、容易に結びつけてしまうことになるだろう。

　したがって、推し活について語る際には、個人の生活上の「推し活の効能」や「推し活の心理」といったミクロかつ心理学的な視点からは少し距離を置き、「社会の中で推し活はどのように位置づけられているのか?」というマクロな視点から、その可能性と課題について洗い出す必要がある。その結果、残念ながら「推し活よ、さようなら」という悲しい結論になってしまうかもしれない。けれども、そのような頭でっかちなロジックで簡単にお別れを告げ、別れることもできないだろう。
「推し活」というのは、ことほどさように磁力の強いものなのである。本書のいくつかの章で、複雑に絡まりあった「推し活」の諸相を考察していきたいと考えている。

注

(1)　そもそも「推す」という単語そのものに、「オタク」や「オタク文化」との関係はいっさいない。本来の意味をデジタル大辞泉で調べてみると、「人や事物を、ある地位・身分にふさわしいものとして、他に薦める。推薦する。「候補者に—・す」「優良図書に—・す」」、デジタル広辞苑では「ある人やものをある事柄(特に、地位など)にふさわしいとして他にすすめる。「委員長候補に/としてA氏を—」「部長に—・されて課長に昇進した」「優良図書に本書を—」」と出てくるように、一般的には「推薦する」といった使い方をされているのが「推す」という言葉である。

（2）「推し活」という言葉の起源については諸説あり、一九八〇年代に2ちゃんねるなどの掲示板に登場していたという話もある。

（3）「京都市長選あす告示　未来託す「推し」は？　SNSも活用、若年層へ投票PR」『毎日新聞』（関西版）、二〇二四年一月二〇日 https://mainichi.jp/articles/20240120/ddl/k26/010/188000c（最終アクセス二〇二四年六月一五日）

（4）パイロット版は「推しが我が家にやってくる」というタイトルで二〇二三年三月に放送された。

（5）NHKのオリジナル作品で推し活をテーマにしたドラマでは「だから私は推しました」（二〇一九年七～九月）、「推しの王子様」（二〇二一年七～九月）、「推しが武道館いってくれたら死ぬ」（二〇二二年一〇～一二月、漫画原作）、「推しが上司になりまして」（二〇二三年一〇～一二月、漫画原作）、宮木あや子の小説『令和ブルガリアヨーグルト』をタイトルを変更してドラマ化した「推しを召し上がれ～広報ガールのまろやかな日々～」（二〇二四年一月～）などがある。

（6）竹宮恵子『少年の名はジルベール』、竹宮恵子・知野恵子『扉はひらく いくたびも』、萩尾望都『一度きりの大泉の話』など。

参考文献

植木重治「医科学コミュニケーションに「推し活」を導入する」『秋田医学』第四九巻第三・四号、二〇二三年、一〇三－一〇九頁

井上淳子・上田泰「アイドルに対するファンの心理的所有感とその影響について――他のファンへの意識とウェルビーイングへの効果」『マーケティングジャーナル』第四三巻第一号、二〇二三年、一八－二八頁

香月孝史『乃木坂46のドラマトゥルギー――演じる身体／フィクション／静かな成熟』青弓社、二〇二〇年

北村紗衣『シェイクスピア劇を楽しんだ女性たち――近世の観劇と読書』白水社、二〇一八年
久保(川合)南海子『「推し」の科学――プロジェクション・サイエンスとは何か』集英社新書、二〇二二年
劇団雌猫『浪費図鑑――悪友たちのないしょ話』小学館、二〇一七年
坂本美雨・中野信子「あなたのお悩み脳が解決できるかも? 中野信子の人生相談 推し活スペシャル」『週刊文春WOMAN』二〇二三年秋号、八〇―八五頁
須賀しのぶ「須賀のスガスガしくない話 第4回健康促進推し活」『青春と読書』第五八巻第一〇号、二〇二三年、三六―四一頁
千ゆう子・針塚緑樹・古賀聡「大学生のストレスコーピングの列記と共有の体験の効果」『九州大学総合臨床心理研究』第一四巻、二〇二三年、三一―三七頁
竹宮惠子『少年の名はジルベール』小学館、二〇一六年
竹宮惠子・知野恵子『扉はひらくいくたびも――時代の証言者』中央公論新社、二〇二一年
鳥羽和久『「推し」の文化論――BTSから世界とつながる』晶文社、二〇二三年
萩尾望都『一度きりの大泉の話』河出書房新社、二〇二一年
三浦展『孤独とつながりの消費論――推し活・レトロ・古着・移住』平凡社新書、二〇二三年
三宅香帆「物語のふちでおしゃべり 第16回」『波』二〇二三年七月号、八六―八七頁

第2章 推し活と労働

エンターテインメントと労働

ここでは、「労働」という観点から推し活について考えてみる。その場合、一方には推されるタレントやアイドル、アーティストの労働という問題があり、他方には推し活を行う私たちの活動そのものをめぐる労働、とりわけ私たちが推し活という名のもとに意識されないまま無償の労働を提供してしまっているかもしれないという問題が想定される。労働という視点で推し活を照らしてみることで、多くの課題が見えてくるのである。

二〇二三年九月、宝塚歌劇団に所属していた女性が亡くなり、長時間労働をさせられた上にパワハラもあったと家族によって告発された。(1) この告発を受けて労働基準監督署が宝塚歌劇団に立ち入り調査を行い、労働時間や勤務時間について聞き取りを行った。その後、この女性は長時間労働のせいで亡くなったとして宝塚歌劇団が謝罪し、上級生からのパワハラもあったのではないかと報道された。

同じ二〇二三年の夏から秋にかけて日本で明るみに出されたのが、ジャニーズ事務所の元社長であるジャニー喜多川による性加害の問題だった。ジャニー喜多川によって行われた長年にわたる性暴力、そして児童への性的虐待が告発され、二〇二三年七月には国連人権理事会の「ビジネスと人権」に関する作業部会のメンバーが来日し、日本のビジネスの世界における人権の問題を調査して記者会見を行った。二〇二四年五月には、（ジャニーズ事務所の被害者救済部門として残した）SMILE-UP. 社について、被害者を救済しようとする努力は認められるものの「依然として深刻な懸念がある」として、被害者救済に課題が残っているとの報告書を発表した。さらに、補償を求める被害者に弁護士費用を自己負担させていることなど容認できない点を具体的に指摘し、相談窓口が十分に機能しておらず、被害者救済実現まではまだ長い道のりがあると勧告もした。(2)この問題については、本書の第6章で経緯を踏まえて論じているので詳しくはそちらを参照してほしいが、ともかくジャニー喜多川への相次ぐ被害者からの告発や宝塚の団員の過労死を受けて、エンターテインメントと労働やハラスメントの問題をより深刻な問題として捉える論調が日本社会にようやく広がり始めたのである。

こうした流れの中で、厚生労働省労働基準局過労死等防止対策推進室は、二〇二三年度版の

「過労死等防止対策白書」の原案に芸能界のセクハラや労働の問題を盛り込んでいる。[3]令和五年版「過労死等防止対策白書〔概要版〕」の「第3章 過労死等をめぐる調査・分析結果、4 芸術・芸能従事者（実演家）」で公表されているエンターテインメント業界の労働問題に関するアンケート調査の結果によると、俳優・スタントマンでは五四・六%、声優・アナウンサーでは六八・六%の人が「仕事の関係者に、心が傷つくことを言われた」と回答し、それぞれ二八・七%と二二・九%の人が「仕事の関係者から殴られた、蹴られた、叩かれた、または怒鳴られた」と答え、二〇・四%と二五・七%の人が「セクシュアルハラスメント等の経験がある」[4]と回答している。

エンターテインメント業界で働く人たちの労働の在り方や労働環境に少しずつ注目が集まり始めていることについては、積極的に評価すべきである。その上で、これらの業界で働く人たちと労働、ひいてはエンタメを享受している私たちの活動と「労働」について考えてみるために、いくつかの問いを立ててみる必要があるだろう。そもそもエンタメ業界で働いている人々は、何を生産するために「労働」しているのか。エンタメ業界の人たちが生産するものはどのように消費されているのか。消費する「ファン」たちの活動は、一見したところ楽しい娯楽的な活動に見えているけれども、時に、推し活がつらい、というような声も聞こえてくる。その理由には何があるのだろうか、など考えるべき問いはいくらでも出てくる。こうした問いに基づいて、目下もてはやされている「推し活」という活動について考察してみることで、今日の「労働」が、推される側と推す側のどちらの側であっても、余暇と一緒くたに混ざりあい、趣味やレジャー、暇つぶし、空き時間などの時間を浸食しながら無償労働とケア労働を広げつつあることが見えてくるだろう。

推される人たちの労働

まずは、推される人たち(=推しであるアイドルやアーティスト、タレント)の労働について考えてみたい。こうした人々の労働とは、基本的にはファン(=推す人)に夢や希望や幸福感を与える商品やサービスを生産し、提供することである。その一方で、アイドルやアーティストたちが労働する際の条件や環境の実態については、夢も希望も幸福感も感じられないものであることが多いためか、本人たちは積極的に語りたがらないし、所属事務所もつまびらかにしたがらない。さらに、エンターテインメント業界で働く人たちの労働に関する研究も、これまであまり活発には行われてこなかった。

おおっぴらにされてこなかった理由は二つあると考えられる。一つにはすでに述べたように、夢を売る商売であることから、過酷な話や自分たちが不幸な環境にあることを表《おもて》に出したいとは思わないだろうということ。表舞台に上がっているところを切り売りする仕事である以上、楽屋裏やバックステージの出来事を見せたくないと考えるのは当然だ。推す側であるファンだって、自分たちの推しが「劣悪な労働環境」や「信じられないほどの低賃金」や「人格を無視された形でのハラスメントや性的虐待」を被りながら、最前線で活躍するために諦念を抱きつつファンに夢や希望や幸福感を与えてくれているかもしれない、などの現実を直視したくないと思うのは仕方のないことである。

もう一つは、本人たちが自分たちの労働環境が過酷で歪《いびつ》なものであると気づいていないという理由である。多くのエンターテインメント業界が、（言葉が悪くて申し訳ないが）「搾取工場」とか、「劣悪な環境」とか、「ハラスメントの温床」になってしまっているにもかかわらず、この業界はどこもこんな感じだから、などと疑問を抱くことなくひどい環境を改善することなく労働を続けてしまっているのである。その原因として、例えば幼い頃からエンタメ業界で働いていてそれ以外の労働の場を経験したことがない場合や、仕事を発注する側と受注する側の間にある不均衡な力関係――「権力の勾配《こうばい》」などと呼ばれる関係――があり、従属的で弱い立場に置かれ続けたまま自分自身の経験を自明のこととして批判的にまなざすことができなくなってしまう場合や、日本国憲法第二八条で規定されている労働者の権利（「団結権」「団体交渉権」「団体行動権」からなる労働三権）や「労働基準法」「労働組合法」「労働関係調整法」からなる「労働三法」についてほとんど知らない／知らされていない状態で働き続けてしまう場合などが考えられる。

さて、先ほどエンタメ業界の労働についてあまり研究されてこなかったと述べたが、近年、少しずつ労働という観点から「推される人」、つまりアーティストやタレントやアイドルの労働について研究した論稿が執筆されるようになってきた。

まず紹介したいのが、二〇一七年に発表された竹田恵子氏による「ライブアイドル、共同体、ファン文化——アイドルの労働とファン・コミュニティ」である。ここで竹田氏は、「アイドルの労働をケア労働や感情労働であると捉え、アイドルとファンの間のコミュニケーションが「テクニック（熟練労働）」とは認められていないこと、またケアワークのようにジェンダー化され資本主義社会の中で低くみなされている種類の労働である「非熟練労働」としかみなされていないことから、労働者としての高い評価を得られず低賃金労働を強いられることが多いのではないか」（二二九—三〇頁）と指摘している。竹田氏の指摘において重要な点は、アイドルの労働というものが、誰にでもでき特別で専門的な資格が必要ないとされ、それほど賃金が高くなくても仕方がないと考えられていると明示したことである。

もう一つ紹介したいのが、二〇二二年に上岡磨奈氏が発表した「アイドルは労働なのか——「好きなこと」を「やらせてもらっている」という語りから問う」である。上岡氏はアイドルとして活動する若者へのインタビューと生活調査を行い、労働実態を描き出し、その仕事の内容について検討している。上岡氏によると、近年ではアイドルの労働を労働基準法の観点から見直す動きが出ているそうである。この論稿で示されたインタビュー調査によると、労働の対価である賃金は極めて安く、労働条件も過酷なものであるが、調査対象者のアイドルは、①「やりたいこと」、「やりたかった」ことをやらせてもらっている、②事務所や同じグループのメンバーへの

「情」と「恩返し」のために仕事を続けていると話し、「自分じゃない人が関わっているから（芸能活動は）仕事」であると答えたとのことである。(5)

三つめの研究としては、先述した上岡氏の論稿と同じ本に掲載された石井純哉氏の「アイドルが見せる「夢」——アイドルの感情労働」がある。この調査研究は、近年、アイドルやアーティストの労働の一つとして頻繁に行われるようになった「接触」と呼ばれる現場で、かれらがいかに感情労働に従事しているのかをホックシールドの『管理される心』に依拠しながら分析している。ここでは、実際にアイドルたちの感情労働のように見える実践を調査し、感情労働が要請される仕組みについて明らかにすることが試みられている。このように、アイドルの仕事・行動・活動・サービスを労働として考えるときに、それらを感情労働であると位置付け、アイドルの提供しているサービスについて説明することが一般化している。

二〇二三年には『消費と労働の文化社会学』というそのものズバリの本が刊行された。三部構成のこの本では、主に労働社会学とカルチュラル・スタディーズの研究と切り結びながら、消費文化と労働の問題について、理論史を整理すると同時に具体的な事例を批判的に検証している。特に第2部では、美術や音楽、芸能やカフェ文化などの、クリエイティブ産業における労働の事例を扱っている点において、新しい試みを行っていると言えるだろう。

これらの論稿を読んでもらえばアイドルなど、消費文化の提供するサービスと「感情労働」とのかかわりについて理解できるので、本章では少し別の説明を試みる。まずは、そもそもエンタメ業界における「労働」とは何であるのか、アイドルやタレントの「労働」に限定する形で考えてみよう。

ここで参照するのは、イタリアのアウトノミア系のマルクス主義者たちが主張してきた「非物質的労働」や「情動労働」という概念である。現在では社会科学の領域で誰もが非物質的労働や情動労働という言葉を知るようになり、使うようになった。そのきっかけとなったのが、アントニオ・ネグリとマイケル・ハートによって二〇〇〇年に刊行され、全世界で読まれた『帝国』という本である。ネグリとハートは『帝国』に続いて二〇〇四年には『マルチチュード』を、二〇〇九年には『コモンウェルス』を書いている。『帝国』三部作とも呼ばれるこれらの著作を通じて彼らは、現代の労働の多くが非物質的労働もしくは情動労働と呼ばれる労働形態へと変化し、私たちの多くがそうした労働に従事するようになったと説明している。

ハートは一九九八年にTRACES日本語版の提携誌である『思想』に寄稿した「情動にかかわる労働」の中で、非物質的労働が経済パラダイムの支配的な地位に躍《おど》り出ることになった経緯を説明している。ハートによると中世以降の経済パラダイムは三つに区分される。農業と自然資源の採取による経済が第一のパラダイムであり、工業と耐久財の生産が経済の特権的な地位を占める第二のパラダイムを経て、現在ではサービスの供給と情報の操作支配が経済生産の根幹に位置する第三のパラダイムの時代になった。(6) ハートは、この第二のパラダイムから第三のパラダイムへの移行を、経済のポストモダン化、もしくは経済の情報化と名付けている。そして、経済の情報化は、「必然的に労働の質と労働過程の本質に変化をひき起こ」したと説明している（「情動にかかわる労働」一九頁）。

この変化について『帝国』においては次のように説明される。「サービスの提供および情報の操作が経済的生産の中心に」（三六三頁）おかれ、労働は「非物質的な財――サービス、文化的生産物、知識、コミュニケーションのような――を生み出す」（三七五頁）。このようにサービスの提供や情報の操作やコミュニケーションや知識によって、非物質的な財の生産が経済的生産の中心に置かれるようになり、この生産に含まれる労働は「非物質的労働」と定義されるようになった。さらに、非物質的労働は「情報ネットワークに新たに結び付けられるようになった、産業的生産内のコミュニケーション労働、次に、象徴的分析と問題解決における相互作用労働、そして最後に、情動を生産し操作することからなる労働」（四九頁）の三つの側面に分類される。これら三つのうち「身体的及び肉体的なものの生産性に照準した三番目の側面は、生政治的生産の現代的ネットワークにおけるきわめて重要な要素」（四九頁）であり、現代社会における「情動労働」の価値が導き出された。同様のことが、『マルチチュード』でも主張され、情動労働は「安心感や幸福感、満足、興奮、情熱といった情動を生み出したり操作したりする労働」（一八五頁）であると説明されている。

ここで言われているように、サービス、文化的生産物、知識、コミュニケーションなどの非物質的な財を生み出し、安心感や幸福感、満足、興奮、情熱といった情動を生み出し操作する労働は、まさにエンターテインメント業界で行われている労働そのものだと言える。実際、ネグリとハートは情動労働の一つの現れとして娯楽産業や文化産業にも言及しており、「こうした情動的な生産や交換、そしてコミュニケーションは、一般的にいって人間的接触と結びついているが、その接触は娯楽産業におけるように現実的なものでも仮想的なものでもありうる」、「娯楽産業も同様に、情動を作り出したり操作したりすることに焦点を合わせている。この労働は、たとえそれが身体的で情動的であっても、その生産物が手で触れることのできないもの、すなわち、安心や、幸福感や、満足や、興奮や、情熱といった感情であるという意味で、非物質的なものである」（ともに『帝国』三七七頁から引用）などと説明している。

このように娯楽産業に携わるアイドルやアーティストやタレントたちの労働こそ「情動労働」なのであり、かれらは情動を生み出したりコントロールしたり操作したりする労働を日々行っているのである。しかし、すぐに申し添えておかなくてはならないのは、「非物質的労働」を行う際、労働自体はつねに身体と脳を伴った労働であるということだ。つまり、「非物質的」とか「情動」とか、まるで物理的なものや身体とはかかわりのない労働であるかのような言葉が使用されているにもかかわらず、それらの労働が生成される現場には絶対に物理的、物質的な身体、そして頭脳が用いられているのであり、あらゆる非物質的生産に伴う労働はつねに物質的な労働でもあるということだ。ハートは、「情動にかかわる労働」の中で、フェミニストによる「女性労働」の分析で論じられてきた「身体化された労働」と呼ばれるケア労働に言及し、この点についてしっかりと確認を行っている。ケア労働は、人間の再生産に必要な様々なケアを生み出す労働であり、情動に基づいて生産されているが、しかし「全体として間違いなく身体にかかわる次元のもの」（「情動にかかわる労働」二七頁）であるからだ。このように情緒などを生み出す仕事は、情緒が情緒を生み出すのではなく、ある生身の身体と頭脳を伴った存在が、物理的な肉体を使って情緒的な労働、製品、サービスやコミュニケーションを生み出しているのである。

エンターテインメント産業における労働も同様に、「全体として間違いなく」人間の身体と頭脳がかかわっている。例えば、あなたの「推し」が二次元キャラクターであっても、そのキャラクターを描き動かすための生身の人間による物質的な労働が介在しているし、あなたの「推し」がＡＩであるとしても、そのＡＩのアルゴリズムをセットするデータラーニングのための具体的・物理的労働がそこには介在している。幸福感やハッピーな雰囲気、つまりアイドルやエンターテインメントが私たちに与えてくれるものは、手に触れることのできない情緒的でコミュニケーションを通じた物質性のない財であるにもかかわらず、その非物質的な生産物やサービスを生み出しているのは、つねに身体や頭脳が関わる物質性を通じた労働なのである。

ではこのような、物質的な労働を媒介とした非物質的労働の生成物として、「推し」たちは何を生産しているのだろうか。一番重要な生産物は、やはり「幸福感」であるだろう。そのほか、一般的によく言われる言葉を使えば「癒し」や「萌え」や「コミュニケーション」といったものである。これらのほとんどが手で触ることのできない非物質的な生産物であることは間違いない。

カツアゲされる情熱とやりがい

非物質的労働や情動労働を生産する「推し」たちが、幸福感や癒しや萌えを私たちに与えてくれるだけなら、推し活と労働について特に困難は生じないはずである。しかし、長い間指摘されてきたように、エンターテインメント産業の現場ではしばしば低賃金・長時間労働が常態化している。そこで、次に、「情熱のカツアゲ」や「やりがい搾取」と呼ばれるようなクリエイティブやエンターテインメント産業の現場で働く人たちのやりがい、やる気、情熱などを産業構造それ自体や、事務所、業界全体が搾取し続けている問題について考えてみよう。「搾取」とは、働いた人たちの労働の対価が正当に支払われない状態、つまり必要な支払いよりも安い賃金で仕事をさせられてしまう状態を示している。

具体的な例を見てみよう。先日、私は幕張メッセでとあるライブイベントに参戦してきた。いわゆる「2・5次元舞台」で活躍している俳優たちが集まって、歌ったり踊ったりアトラクションを行ったりするイベントである。バックダンサーも入れると総勢三〇人ほどの出演者がいた。出演者たちはお昼すぎから午後にかけてリハーサルを行い、夕方五時から夜の九時までイベントの本番、そのあとはインターネットの配信局が主催する、全出演者の参加する打ち上げパーティーにも出演していた。イベントの概要が発表された時、私は出演者たちの労働の総量について想像してみることができなかった。つまり、自分が直接参加する夕方からの四時間だけが労働時間であるように考えていたのである。

しかし、舞台上に出てきて四時間ものパフォーマンスを行う出演者たちを直接目にすることで、ようやくその労働時間について具体的に想像してみることができるようになった。刻一刻と疲労の色を濃くしていく姿を見ていると、いったいこの子たちは何時間の労働をしている／させられているのだろうか、終了後に食事をするところさえも「後夜祭」という名目のコンテンツとして配信されてしまうだなんて気を抜く暇がないではないかと、気が気でなくなってしまったのである。四時間に及ぶイベントのあいだ、出演者たちは舞台上に居て数千人の参加者たちから見られ続けている状態にあり、一瞬も油断することはできない。前日に別のミュージカルの舞台が終わったばかりの俳優などは、最後のほうでは顔色も悪くなっていた。にもかかわらず、公演後もほとんど休むことなく配信番組に出ないといけないのである。

あまりの過酷さに胸が痛む思いだった。お昼前から夜の一一時くらいまでおよそ一二時間、多少は休憩を取っているはずだが、ひっきりなしに働かされ見られ続けて、その上、それほど多くの出演料をもらっているとも思えない（この点については確認できないけれども、第4章でも述べているように、出演者たちが日々のＳＮＳでつぶやいている暮らしぶりから鑑みて、労働の対価があまり高額でないことは容易に想像できる）。あくまでも観測と予測の範囲での記述でしかないので本当のところは分からない。でも、見ている側に不安が過《よぎ》るような働かされ方をしていることは間違いないのである。

アイドル産業ではないが、同じエンタメ業界での話として、数年前に私がオンラインシンポジウムで一緒に登壇した際に、映画制作の助監督である石井千晴氏が面白い発言をしていたので、それも紹介しておく。フリーランスの映画人である彼女は、映画業界の労働について映画業界の働かせ方は「情熱のカツアゲ」であると、実に秀逸な批判を行った。(7) このような現象に関して、一般的には「やりがい搾取」という言葉が知られている。これは本田由紀氏の『軋む社会――教育・仕事・若者の現在』という本で、「〈やりがい〉の搾取」という言葉が使用されたことから人口に膾炙するようになった。今日では「の」が落ちて「やりがい搾取」として使われることが多いかもしれない。これは、雇用者が被雇用者の「やりがい」という感情を利用して、本来支払うべき賃金、手当、代金を与えることなく仕事をさせる現象を鋭く捉えた言葉である。映画業界で働くこの女性は、「やりがい搾取」として知られるようになった現象を「情熱のカツアゲ」と表現したのである。

映画業界のようなクリエイティブなエンターテインメント産業は、とてもキラキラしていて楽しそうに見え、自分自身のクリエイティビティや才能を存分に発揮できることからそこで働きたい、と考える人も多いことだろう。しかし、現場に入ってすぐに直面するのが、低賃金で長時間労働をさせられるという過酷な現実である。給料は安くて仕事はつらく、しかも撮影の三カ月間だけ契約するといった方法が一般化されていて長期雇用は見込めない。正規雇用ではないことからボーナスも出ないし、非常に不安定な労働条件の中で短期の契約を次々と結び続けて、それらを渡り歩く形でしか働けない。撮影の現場に入るとなると体ごと預けて働かなくてはならないから、同時並行に複数の仕事を掛け持ちすることもできない。

これに類似する話は、アンジェラ・マクロビーの『クリエイティブであれ』という本でも頻出している。ヨーロッパのアート産業やクリエイティブ産業で働く若い人たちが、非常に不安定で低賃金、長時間労働のまま、煌《きら》びやかに見える部門に次々と吸い込まれていくというのである。本来であればそんな劣悪な環境で働かないほうがいいに決まっている。けれども、クリエイティブ産業のキラキラした感じに心惹かれて、自らやる気や情熱を掻き立て、搾取される状態であるにもかかわらず働き続けてしまうのである。

ここで「やりがい搾取」に話を戻したい。本田氏によると、二〇〇六年に刊行された阿部真大氏の『搾取される若者たち――バイク便ライダーは見た！』――これは刊行時にとても話題になった本である――で指摘されていたのが、好きなものを仕事にする趣味性のようなものが、こうした低賃金であまり環境の良くない労働に若者たちが吸い寄せられる理由である点だ。例えば「バイクに乗れるから」というように、趣味が仕事になるなら楽しいのではないかといった理由で、労働条件の悪いなかでも仕事をしてしまう。本田氏は「趣味性」という要素に加えて、さらに三つの要素がやりがいの搾取を成立させていると説明している。

第一の要素はゲーム性である。これは裁量労働のような本来的な裁量権や自立性が与えられるのではなく、しばしば擬似的に限られた範囲の中で自らに裁量があって自立しているかのように感じさせられることによって、もしくは出来高による収入や売り上げの上昇といったノルマ制を通じて、ゲーム感覚が助長させられ労働にのめり込んでしまうというものである。

第二の要素は奉仕性《ほうし》。これは顧客への対面的なサービスを提供する仕事、例えばヘルパー、看護師、教師などに見られるものだという。教師という仕事に「奉仕性」の要素があるということは、私自身も実感することは多い。例えば、終業のベルが鳴って授業時間が終わっているのに、「先生、質問があります」と学生が来て、労働時間を延長して対応することはよくあるからである。しかし、時間給で雇われている非常勤講師の場合、始業のベルが鳴ってから終業のベルが鳴るまでの時間だけが雇われた時間なのであり、学生からの質問はすべて授業時間内で完結してもらう必要がある(正規雇用の場合は裁量労働制で労働時間の切れ目がふんわりしているため、原理上は授業終了後の質問にもほぼ無制限に対応しなくてはならない)。しかし、多くの非常勤講師が、休み時間に寄せられる学生からの質問に嫌な顔をするどころか、むしろ自ら進んで対応している。それは学問を伝達し学生を教育するという使命や喜びが、就業時間内で労働を完結するべきであるという原則を超えて発揮されてしまうためである。このように情動やコミュニケーションを通じて精力と時間を注ぎ込むことで長時間労働に陥りやすく、真面目な人ほど奉仕性という要素に引き込まれてしまうに違いない。

第三の要素が、サークル性、カルト性である。サークル性というのは閉鎖的な労働の空間で機能し、カルト性というのはある一つの教義や価値観のようなものに執着し、みんなで競い合うように頑張ってしまう場合に機能する要素である。これらも「やりがいの搾取」を引き起こすとても重要な要素である。労働の現場では、しばしば擬似宗教的な意味づけがなされ、時には統一された身体的パフォーマンスなどを取り込みながら、高揚した雰囲気の中で個々の労働者が仕事にのめり込んでいくようなケースがみられる。周りのみんなもこんなに頑張っているから私だって頑張らないと……というような感覚であったり、この仕事にはこういう重要な使命があるのだなどと言われたりして、ああ私も頑張らなきゃいけないんだ、と仕事にのめり込んでいくような感覚である（……と書きながら、自分自身が今まさにこの感覚に陥って馬車馬《ばしゃうま》のように働いていることに気づいてしまった）。

阿部氏の提起した趣味性に加えて、本田氏がまとめた三つの要素は、恐ろしいほどアイドルやアーティストの仕事にも当てはまる指摘である。そこで次に、「やりがい搾取」の搾取とはどのようなものであるのか、搾取という言葉に含まれる、「掠《かす》め取る」とか、「カツアゲ」といったニュアンスを踏まえながら、アイドルやアーティストなどエンタメ業界で働く人たちの労働について考えてみたい。

ちなみに「搾取」という言葉が世界中で知られるようになったのは、マルクスによって書かれた『資本論』といういまや古典となった本のおかげである。簡単に要点をまとめると、マルクスは、労働者が自分たちの生産した剰余《じょうよ》価値分を支払われることなく資本家によって掠め取られてしまうことを、「搾取」と呼んでいる。『資本論』にまで遡って説明すると冗長になるため、ここではナンシー・フレイザーというフェミニストの研究者が『資本主義は私たちをなぜ幸せにしないのか』という本でマルクスの『資本論』を読解している箇所に言及しながら、搾取の構造について簡潔に説明してみることにする。

フレイザーは、資本主義が経済システムであることを超え、利益第一の経済を機能させるための非経済的な支援を捕食する権限を与えられた社会秩序になったと主張している。例えば自然や被支配民からの富の収奪、ケア労働の収奪、公共財と公的権力、労働者の活力や想像力などを搾取し、その社会秩序の中であらゆる惨事が一つに集まり、互いを悪化させ、私たちを飲み込んでしまったのだと指摘する。こうした現象について、フレイザーは「共食い資本主義」と名付けて批判しているが、その際に、マルクスの『資本論』に依拠しながら、資本主義による搾取の構造を四つの特徴に基づいて説明している。

フレイザーによると資本主義には四つの特徴があり、一つめが生産手段の私的所有、二つめが自由労働市場、三つめが自己増殖する価値、四つめが市場の役割（生産のための投入物の配分と社会的余剰の投入方式の決定）である。これら四つの特徴とともに、資本主義を生きながらえさせるための要素として搾取が存在しているのである。

この資本主義の四つの特徴を、いささか強引ではあるがアイドルやエンタメ業界に当てはめて考えてみることにしよう。アイドルの視点、推したちの労働に当てはめ、推しの立場になってみることで、資本主義の特徴と搾取の関係に労働を当てはめて考えるためである。

まず、生産手段の私的所有について。芸能事務所（マルクスっぽくいうと資本家）による推し（マルクスっぽくいうと労働者）の所有である。芸能事務所が推しの労働を所有し、管理することで、推したちは自分たち自身で生産手段にアクセスすることができなくなり、そこから切り離されてしまう。

その結果、アイドルたちの労働が芸能事務所を介して売り買いされることになる。生産手段から切り離されているので、自分たちで自分たちの商品を売ることができない推したちは、芸能事務所を介してしか労働市場、マーケット、推しの活動の場としての劇場やテレビやオンラインプラットフォームなどで働くことができない。つまり、自分たちの生産手段から切り離されてしまっているので、事務所に言われるまま、劇場やテレビやオンラインの配信などを経由しないと働くことができないのである。

そして、資本家である芸能事務所が自分たちの価値を増やすためには推したちからの搾取が必要になるので、労働時間の賃金の一部を支払わないということが生じる。つまり芸能事務所は、興行主や制作会社やテレビ局から頂いた賃金を推したちに全額支払わず、そこから掠め取っていくという不等価交換を通じて価値を自己増殖することになる。

最後に、搾取した社会的余剰のさらなる投資を通じた芸能事務所の発展――これは例えば事務所が所属している現在のアイドルなどから搾取した資金で次世代に投資し育てることで次から次へと自分たちの商品であり、労働者である、新たな世代のアイドルなどを再生産——していくことにつながっていく。

無理やり当てはめているようにも見えるかもしれないが、アイドルやタレント、アーティストといった推したちの労働現場は、まさに資本主義の特徴と搾取のメカニズムに嵌《は》め込まれる形で運営されていることが見えてくる。業界のメカニズムの各所で搾取は生じていて、その搾取された資金や財、価値を蓄積し、使用することで事務所がどんどん肥大化していくという説明はエンターテインメント産業が資本主義の論理に忠実に従っている以上、逃れることはできないのである。

やりがいある仕事？

もう一つ、やりがい搾取や情熱のカツアゲのような話をするときに、先ほど名前を出したアンジェラ・マクロビーの『クリエイティブであれ』という本が参考になる。本書でマクロビーは、クリエイティブ産業の仕事について「やりがいある仕事」という表現を使って説明している。不安定だし、低賃金だし、労働条件も良くないけれど、情熱を傾けるのに相応《ふさわ》しい仕事として、かつての労働者階級の若い女の子たちが憧れを持ってファッション業界に入ってくる。けれども、結果、ファッション業界の末端のショップの店員のような、低賃金で不安定な労働に従事することになっていることを分析している。

アイドルや舞台俳優やテレビの中のタレントたちの仕事も、実際には労働条件が劣悪で不安定であるにもかかわらず、キラキラしたやりがいのある仕事のように見えている。なぜそのような仕事がやりがいがあるように見えてしまうかというと、有名性を獲得できたり、成功者になれるというようなイメージがあるように、ごく一部の成功者、有名人たちが若者を吸い寄せる巨大なセレブリティ機構として芸能というジャンルを成立させているためである。その多くが成功できないし有名にもなれないにもかかわらず、そこに次から次へと新しい世代の人たちが吸い寄せられていくという状況があるのだろう。

最近になってようやく言及されるようになってはきたが、エンタメの仕事に従事している人たちの社会福祉がどうなっているのか、おそらくほとんど調査されていない。若い時には有効な商品になりうるけれども、ある程度年を取ったあと、その人たちはどこに消えていってしまっているのだろうか。この辺りの問題について、スポーツ社会学においてアスリートのセカンドキャリア問題というテーマで議論されていることと近いのではないかと感じている。スポーツ選手もある程度の年齢までしか活躍できず、ゴルフなどシニア・カテゴリーのあるプロスポーツを除くとどれほど長くても四〇代半ばでキャリアが終わってしまう。そこまではプロスポーツの産業の中で消費されていくものの、年を取って引退した後でどのようなキャリアを形成していくのか、という課題と同じことがエンタメ産業においても生じている。アイドルやタレントやアーティストたちについて、(アーティストの場合にはうまくいけばキャリアを長く続けられるかもしれないが)セカンドキャリアの問題について議論がされておらず、この点はきちんと考えておく必要があるのではないか。

若い間だけ消費されてセカンドキャリアが不明瞭であるという点は、元芸能人やあまり仕事のない芸能関係の方が犯罪に手を染め逮捕されたというニュースが切れ目なく報道されている問題などとも接続していると考えられる。さらに、若い頃に集中的に消費されてしまうせいで、必要な時代に必要なだけのきちんとした教育を受けられないまま、若くなくなった時に社会に放り出されてしまうという問題もあり、若く何かしらの才能があるアイドルやタレント、アーティストがただ消費されて、その人自身の様々な権利が蔑《ないがし》ろにされている点も重要な問題として考えておく必要があるだろう。

ケアワークとしての推し活

次に、推したちの労働を「ケアワーク」として考えてみる。最近、日本ではケアワーク論が三度目くらいの盛り上がりを見せていて、関連本が次々と翻訳・執筆されている。例えば、一九八六年に岩男《いわお》寿美子氏の訳で刊行されていたキャロル・ギリガン氏の『もうひとつの声――男女の道徳観のちがいと女性のアイデンティティ』が、二〇二二年に川本隆史氏・山辺恵理子氏・米典子氏による新訳で刊行されたり（『もうひとつの声で――心理学の理論とケアの倫理』風行社）、ジョアン・C・トロント氏の本も、次々と翻訳され刊行されている。政治学では岡野八代《やよ》氏が、そして文学の領域では小川公代《きみよ》氏が、それぞれの学問分野の課題と絡めながら、ケアの倫理についてフェミニズムの重要なテーマとして再提起している。

二つ前の節でエンターテインメント産業におけるタレントやアイドルの労働を情動労働として考えてみたように、実際、現場でファンと接触している時のアイドルの労働は「ケア」するお仕事なのではないかと感じることがある。「推しを見ていると癒される」という定型表現をオタクたちは頻繁に口にするが、「癒し」を与える仕事というのはまさに「ケアワーク」であると言えるのではないだろうか。先述した竹田恵子氏が地下アイドルの仕事は非熟練労働としてみなされ、ケアワークも非熟練労働だと考えられていることから、地下アイドルの仕事も非常に賃金が安く女性化された仕事として見なされていると議論していた。これも具体的な言及はされていないもののアイドルの仕事とケアワークの類似性からそのように論じていることは間違いないだろう。

それでは、「ケア」とはどのような労働なのだろうか。トロントとフィッシャーは一九九〇年にケアについて次のように広く定義している。

もっとも一般的な意味において、ケアは人類的な活動であり、私たちがこの世界で、できるかぎり善く生きるために、この世界を維持し、継続させ、そして修復するためになす、すべての活動を含んでいる。この世界とは、私たちの身体、私たち自身、そして環境のことであり、生命を維持するための複雑な網の目へと、私たちが編みこもうとする、あらゆるものを含んでいる。（トロント『ケアリング・デモクラシー』二四頁）

これは最大限拡大したケアの定義であると、トロントは説明している。もう少し具体的な仕事に落とし込んでみるなら、例えば介護や看護、育児のように人間が人間にたいして何かしらのサービスを与えるような様々な種類の仕事がケアワークには含まれる。

ケアワークは図解すると、四つの段階に分けられるとトロントは説明している（前掲書、二八―二九頁）。第一に関心を向けること、満たされていないケアニーズに気づくこと、第二に配慮すること、特定されたニーズを満たす責任を負うこと、第三にケアを与えること、ケアを与える実際の労働を行うこと、第四にケアを受け取ること、行われたケアワークへの応答とその応答への判断、そこからの新たなニーズの生産と生成である。その上でさらに、トロントは最終目標として、共にケアすることを社会システムに組み入れていくための新しい民主主義政治を作っていかなくてはならないという大きな主題へとケアワーク論を展開していくが、ここでは最初の四つ

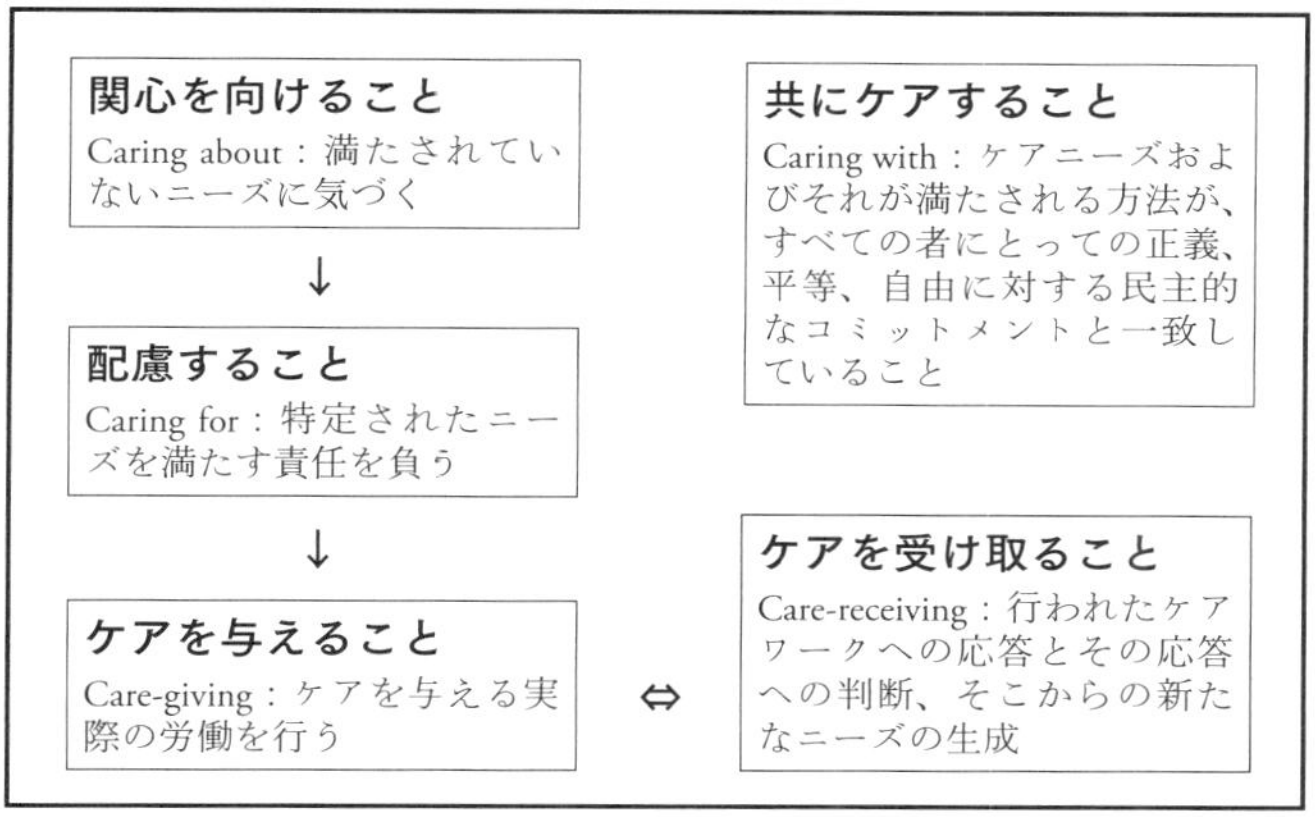
関心を向けること
Caring about：満たされていないニーズに気づく
↓
配慮すること
Caring for：特定されたニーズを満たす責任を負う
↓
ケアを与えること
Care-giving：ケアを与える実際の労働を行う
⇔
ケアを受け取ること
Care-receiving：行われたケアワークへの応答とその応答への判断、そこからの新たなニーズの生成
共にケアすること
Caring with：ケアニーズおよびそれが満たされる方法が、すべての者にとっての正義、平等、自由に対する民主的なコミットメントと一致していること

ケアのプロセスにおける四段階（トロントの議論をもとに筆者が作成）

のプロセスのみを参照することにする。

関心を向けて、配慮して、ケアを与えて、ケアを受け取る、これがケアの四つのプロセスだと捉えてみるなら、アイドルその他の推し活の現場で行われていることは、ケアワークに近いと感じられる。つまり人間の感情や自尊心に配慮して、ケアに類する何かを与えてくれて、それを受け取ることで成り立っていると考えられる。推したちが行っている労働は、推し活をする人たちにケアを与えてくれるような活動になっているのではないか。そして、それがすでに説明した情動労働や非物質的労働による生産物、つまり推し活においてやりとりされている「何か」、実際にはたくさんのお金を払っているものの、その対価として受け取っている「何か」、なのではないかということだ。推したちが与えてくれる幸福感や癒し、萌えというのは、つまりケアを与えられ、受け取っている行為なのだと考えてみると、推しと私たちの間でやりとりされてい

る「何か」についてそれを労働として捉えるための糸口が見い出せるのではないだろうか。

推す側の労働

ここまで推しの活動を労働として考察してきた。最後に、どうしても考えておきたいのが、推し活をするファンの行為についてである。これまでファンの行為は推したちが生み出す「何か」を受け取る活動であり、「何か」を消費する活動であると考えられてきた。しかし、ここで問い直してみたいのは、「消費」とされるこれらの行為が、昨今では「労働」に、しかも無償の労働にすり替えられてしまっているのではないか、という懸念である。というのも、推し活を本気でやればやるほど労働と日常の切り分けが不分明になってきている人が年々増えていると感じることが多いからだ。周りのオタクの友達を見ていても、趣味なのか仕事なのかわからないくらいに推し活に時間とエネルギーとお金を注いでいる人たちが大勢いる。まさに趣味なのか仕事なのか消費なのか労働なのか、切り分けることが困難な状態になっているという実感があるのだ。お金を払って何かを受け取っている以上、それは間違いなく「消費」行為である。しかし、時間と情熱を注ぐのは、単なる消費ではなく、もしかしたら労働であると言えるのではないだろうか。

実際に、「余暇の労働時間化」についてはすでにいろいろな人が指摘している。例えばイタリアのマルクス主義の研究者のヴィルノやベラルディは、仕事というものがどんどん仕事以外の非公式領域にはみ出していると指摘している。一番わかりやすい例が、先ほど言及したマクロビーの『クリエイティブであれ』の第一章に示されていた。ファッション産業やクリエイティブ産業で働く人たちが、仕事の後でクラブに出入りして、そこで様々な人と知り合い、一緒に踊り、お酒を飲むということがある。夜、仕事の後にクラブで踊っている時間は明らかに余暇の時間なのだけれども、そこで作ったネットワークがそのまま昼の仕事、クリエイティブ産業の中で自分が仕事をしていく上での人脈になり、新しい仕事を生み出すきっかけになることが増えているというのである。このように、余暇の時間の活動が自分たちの仕事に影響するようになり、仕事の時間が余暇の時間の活動に潜りこんできて次の仕事を生み出すというように、労働と余暇の切り分けの不分明さ、シームレスさのようなものが出現している。

このように日常へと労働がはみ出していく遠因《えんいん》となっているのが、SNSを使ったコミュニケーション関係の構築である。現在では一般の企業もSNSを使って企業ブランディングやマーケティングを行っているように、推したちも、現在ではSNSを活用してファンとコミュニケーションを図《と》り、告知や宣伝を行い、ブランディング活動に専念している。他方、推し活をするファンたちもSNSを活用して、自分がどのコンサートに行ってきたとか、こんなにたくさんグッズを買ったとか、チケットが当たったとか当たらなかったとか譲ってあげるとか譲ってほしいとか、推しの絵を描いてこんなに私の推しかわいかったんです、というようなことを投稿している。そういうSNSを活用したコミュニケーションは趣味の一環《いっかん》だと思われているので、当然、仕事以外の時間を使って行われる。それゆえ、それらの行為は趣味であり、単に絵を描きたくてやっていると考えられる場合もあれば、ファンが推しを押し上げるために余暇の時間を使って宣伝活動に勤しんでいる、とも捉えられる。

とりわけ昨今、SNSや配信を使ったアテンション・エコノミーを推しの活動の中心に持ってこられることによって、先ほど言及したように、舞台が終わった後も配信をしなければならないという形で、大げさに言うなら推したちは「二四時間営業」を強いられている。情報の開示を通じて推したちは二四時間自身の商品化、ブランド化に気を抜けない状態で邁進しなければならず、ファンを獲得するための競争に打ち勝っていかなくてはならない。実際には、推しも無報酬のまま非物質的な労働を行っているし、推し活をするファンもそれに巻き込まれている。そしてそれを追うオタクは正直、疲れている。「疲れている」と言うと推し活の落伍者になってしまうので、疲れたなどとは推し活の現場ではあまり口にできないのだけれども。

推される人たち、推したちによるSNSを使ったコミュニケーション行為ついて、上岡氏はすでに紹介した論稿において「こうした行為はアイドルの生活の中で「仕事」の時間とそれ以外を区別することを難しくする」、「アイドルの労働は、他者に自身がアイドルであることを示すことによって成立するという点で特異」（上岡「アイドルは労働なのか」四〇頁）であると指摘している。SNSコミュニケーションの時代に、二四時間自分がアイドルであることを示し続けなければば、アイドルの労働は成立しない。アイドルとして承認されるためには、「承認する人」が存在せねばならない。それゆえ「承認する人」である私たちは二四時間いつでも受け身の態勢で待ち、「承認されたいアイドル」の活動が動き出すやいなや、コメントやいいねや投げ銭などを通じてその活動に応答し、承認しなくてはならない。

その他にも、YouTubeの再生回数を増やす果てしない推し事や、推しを押し上げるための様々な活動は、「愛」という名の「無償労働」なのではないか、まさに推す側の私たちも、情熱のカツアゲをされているのではないか、という疑問も思い浮かぶ。最近では、YouTubeの再生回数を増やすためとにかくみんなで頑張ろう、というSNSの投稿をよく目にする。実際に、推し活中の多くの人たちがネット接続できるありとあらゆる機器でYouTubeの再生回数を増やし続けているようで、それはもはや趣味であることを越えて、労働なのではないかと感じてしまう。誰かから賃金をもらうわけでもなく、推し活という名のもとで、強いられているわけでもないのに、（非常に嫌な表現であるのだが）自ら率先して搾取されにいっているようにも見えてしまう。

特にSNS時代の推し活は、ファンが推しのPRや宣伝の片棒を担いでおり、それが一種のマーケティングになっている。推しの側や芸能事務所の側も積極的にファンたちによるX（旧Twitter）などを通じた拡散力を宣伝の一種として取り込んだマーケティングを行っている。本来ならエンタメ業界や文化産業の宣伝やブランディングは、企業や芸能事務所が担っていくべき部分であるが、昨今はアイドルやタレント、アーティスト本人が宣伝活動をし、ブランディング化を自ら推進し、ファンもまた無償で宣伝を担わされている――つまりオタクのエネルギーが宣伝広報に上手い具合に回収され、活用されてしまっているのである。そうしたことを当然視する回路として、推し活が駆動させられるようになっているとも言える。応援のためと言って余暇の時間に様々なSNSコミュニケーションを行っているけれども、知らず知らずのうちにブランディングや宣伝、マーケティングの片棒を担がされているとするならば、それはファンの労働が無償労働化されていて、しかも無償なので対価が与えられないまま活動・労働をさせられていることにもつながっているのではないか。こうした疑念については、もう少し真剣に考えてみる必要がある。

こうした疑問に基づく研究としては、『アイドル・スタディーズ』で大尾《おおび》侑子氏が「ファンの「心の管理」――ジャニーズJr.ファンの実践に見るファンの「感情管理/感情労働」」を書いている。大尾氏は、「デジタル技術の進展と「情動(affection)」がファン活動の労働的性質を浮かび上がらせる鍵として注目され」るようになったことを指摘し、「感情労働」の視点からファン活動を実証的に調査している。その結果、「私的」な感情管理が、「公的」な感情労働につながりうること、そして両者が融解しつつあることを明らかにした。具体的には、コンサートの現場でペンライトを振るだけでなく、YouTubeの再生回数を意識的に増やす、などファンの感情管理がコンサートやファンミーティングなどの現場だけでなくデジタルの空間にまで拡大されている点を指摘しているのである。大尾氏の先行研究は新しいファン研究の領野を開く重要なものである。ただし、ファンの労働を感情労働として論じてはいるものの、そのようなファンの労働が搾取されているという点にはほとんど言及されていない。この点について考えていかないと、推し活を通じた労働が搾取されてしまっているかもしれない危機について考察してみることはできないだろう。

そこで最後に、先ほど紹介したフレイザーの議論を、今度はファンの労働に当てはめ、どういう搾取が行われているか考える手がかりにしてみたい。一つめの「生産手段の私的所有」とは、幸福感や萌えを提供する推しが感情・情動を操作し、ファンはそれを自分たちでコントロールすることができない状態を想起させる。生産手段から切り離されたファンたちは、二つめの「自由労働市場」、推しが提供するコンテンツを経由しなければ推し活ができない。三つめの「価値を自己増殖する」ためには、ファンからの搾取が必要ということで、推し活という看板のもとで広報宣伝やアテンション・エコノミーを通じた収益化に関わる無償労働にファンは従事させられている。そして四つめ、「搾取した社会的余剰」を通じて、推したちの人気はさらに上昇していく。推したちも搾取されているが、ファンも搾取されていて、資本主義のロジックに嵌めてみた時に、ファン活動というものが資本主義の典型的な労働の一種になり、搾取のメカニズムをなぞってしまっているかもしれないという点を、深刻な問題として最後に指摘することで、この章を終えることにする。

注

（１）「宝塚歌劇団に労基署が立ち入り調査　労働時間や勤務実態など聞き取り」『朝日新聞デジタル』二〇二三年一一月二三日 https://digital.asahi.com/articles/ASRCR455XRCRUCVL006.html、「宝塚歌劇団、団員の死亡めぐり謝罪　「長時間労働が負荷となった可能性」」BBC NEWS JAPAN、二〇二三年一一月一五日 https://www.bbc.com/japanese/67423212（どちらも最終アクセス二〇二四年七月一日）

（２）「旧ジャニーズ事務所の被害者救済「長い道のり」　国連が報告書」『朝日新聞デジタル』二〇二四年五月二八日 https://digital.asahi.com/articles/ASS5X4R7MS5XUHBI02BM.html、「国連「ビジネスと人権」報告受け当事者〝国内に人権機関を〟」NHK NEWS WEB、二〇二四年五月三〇日 https://www3.nhk.or.jp/news/html/20240530/k10014466181000.html（どちらも最終アクセス二〇二四年七月一日）

（３）現在確認できる資料としては、厚生労働省労働基準局過労死等防止対策推進室の作成した令和五年版「過労死等防止対策白書〔概要版〕」が公開されている。https://www.mhlw.go.jp/content/001154982.pdf（最終アクセス二〇二四年七月一日）

（４）本章注３で参照した概要版の説明によると、「セクシュアルハラスメント等の経験がある」は、「恥ずかしいと感じるほどの体の露出をさせられた」、「仕事の関係者に必要以上に身体を触られた」、「羞恥心を感じる性的な実演をしなければならない」、「性的関係を迫られた」のいずれかの経験があるものを集計しているとのことである。これらに相当する経験談として、例えば二〇一八年に俳優の水原希子氏が、あるポスターの撮影をする際に複数の男性が周囲にいる状況で、上半身裸での写真撮影を強要されたと告発した件や、二〇二四年に『先生の白い嘘』という映画の撮影時に、性暴力の被害者女性を演じる俳優が、インティマシー・コーディネーター立ち合いのもとで撮影してほしいと願い出たにもかかわらず、男性の監督がその要請を拒否した事例を挙げることができる。社会調査支援機構チキラボが二〇二三年に調査した「テレビ芸能業界における圧力ハラスメントの実態調査報告書」にもこのような経験談は多く寄せられている。

（5）上岡氏が指摘した「アイドルの労働を労基法の観点から見直す」動きとしては、BMSGという芸能事務所を経営している日高光啓社長（AAAのメンバーでラッパーのSKY-HI）の話を紹介できる。日高社長は公開収録されたラジオ番組の中で、所属タレントとの間に契約書を作成し、成人している場合でも保護者にきちんと契約書の内容を説明した上でマネージメント契約を結んでいると語っている。とはいえ、日本社会では全般的に一般の企業であっても労働契約書をきちんと作成していない場合が非常に多いことから、契約書を作成しない悪しき労働慣行が芸能界やエンタメ業界特有のものではない点は指摘しておく必要があるだろう。日高社長の話は、J-WAVEの番組DIVE TO THE NEW WORLD公開録音で聞くことができる。https://www.youtube.com/watch?v=IvOrsGsAlkY（最終アクセス二〇二四年七月一日）

（6）ちなみに、二〇一一年にはドイツ政府が「Industry4.0」を産業政策として発表したことでIT技術やAIを取り込んだ第四のパラダイムが提起され、人と機械の調和や持続可能性をうたう「Industry5.0」という政策も提起されているが、サービスや情報中心の経済と産業社会という点で、私たちはいまだ第三のパラダイムの台座の上にいると考えておいて良いだろう。「Industry4.0」については、Schwab, K. *The Fourth Industrial Revolution.* を参照のこと。

（7）二〇二一年一一月二日にJapanese Film Projectが主催したシンポジウム「ジェンダー格差、労働環境、日本映画のこれからを考える」での発言。https://note.com/jpflm_project/n/n60012daf589dで動画を視聴できる（最終アクセス二〇二四年七月一日）。

参考文献

阿部真大『搾取される若者たち――バイク便ライダーは見た！』集英社新書、二〇〇六年

石井純哉「アイドルが見せる「夢」――アイドルの感情労働」田島悠来編『アイドル・スタディーズ――研究のための視点、問い、方法』明石書店、二〇二二年、四三―五四頁

大尾侑子「ファンの「心の管理」――ジャニーズJr.ファンの実践にみるファンの「感情管理／感情労働」」田島悠来編『アイドル・スタディーズ――研究のための視点、問い、方法』明石書店、二〇二二年、一三五―一五〇頁

上岡磨奈「アイドルは労働なのか――「好きなこと」を「やらせてもらっている」という語りから問う」田島悠来編『アイドル・スタディーズ――研究のための視点、問い、方法』明石書店、二〇二二年、三一―四二頁

Schwab, K. *The Fourth Industrial Revolution*. World Economic Forum, 2016

竹田恵子「ライブアイドル、共同体、ファン文化――アイドルの労働とファン・コミュニティ」田中東子・山本敦久・安藤丈将編『出来事から学ぶカルチュラル・スタディーズ』ナカニシヤ出版、二〇一七年、一一七―一三四頁

トロント、ジョアン・C『ケアリング・デモクラシー――市場、平等、正義』岡野八代監訳、相馬直子・池田直子・冨岡薫・對馬果莉訳、勁草書房、二〇二四年

永田大輔・松永伸太朗・中村香住編『消費と労働の文化社会学――やりがい搾取以降の「批判」を考える』ナカニシヤ出版、二〇二三年

ネグリ、アントニオ＋ハート、マイケル『〈帝国〉――グローバル化の世界秩序とマルチチュードの可能性』水嶋一憲・酒井隆史・浜邦彦・吉田俊実訳、以文社、二〇〇三年

ネグリ、アントニオ＋ハート、マイケル『マルチチュード 上――〈帝国〉時代の戦争と民主主義』幾島幸子訳、水嶋一憲・市田良彦監修、NHK出版、二〇〇五年

ハート、マイケル「情動にかかわる労働」三輪聡訳『思想』一九九九年二月号、一六―二七頁

フレイザー、ナンシー『資本主義は私たちをなぜ幸せにしないのか』江口泰子訳、ちくま新書、二〇二三年

本田由紀『軋む社会――教育・仕事・若者の現在』河出文庫、二〇一一年

マクロビー、アンジェラ『クリエイティブであれ――新しい文化産業とジェンダー』田中東子監訳、中條千

晴・竹﨑一真・中村香住訳、花伝社、二〇二三年

第3章
オタク消費を考える

ここでは、消費と経済の視点からオタク活動の問題について考えてみる。

オタク消費と経済――これはおそらく、私たちにとって最大の問題である。二〇一九年から二〇年にかけて新聞や雑誌で推し活が取り上げられるようになり、その多くがマーケティングに関する話題と結びつけられていたことは、すでに第一章で指摘した通りである。それらの記事では、商品を売るとか売れるとか、「推し活商機」や「推し活需要」といった言葉でオタクの消費活動にスポットライトが当てられ、日本活性化のエネルギーであるといったニュアンスでオタク消費が称揚されていた。

実際、マーケティングやコンテンツの領域でオタクは「推し活」という言葉とともに好意をもって迎え入れられている。「消費の主役は「オタク」」といった見出しが躍り[1]、日経クロストレンドの分析によると「新型コロナウイルス感染症の拡大後、新たに『推し』はじめたものがある」と答えた人が2割を超えた」そうで、「そこで流行したのが「推しグッズ」だ」と、推しと関連付けて展開されたグッズが紹介されていく。

推す対象も、アイドルだけでなくコスメや身近な友人、ぬいぐるみ、サンリオキャラクター、ホスト、囲碁将棋の棋士、スポーツ選手やeスポーツの選手、芸人、りんご農園の農家、動物園の動物（パンダなど）、と非常に幅が広がっている。スポーツチームは、特に野球と新日本プロレスに顕著なように、うちわを売ったり、ペンライトを売ったり、グッズの販売を行っている。かつて一九九〇年代頃はイケメンのスポーツ選手を応援しているというだけで、「またミーハーな女どもが」と男性ファンに舌打ちされていたものだが、いまやチーム主導で選手のイケメン風ブロマイドを作り、販売する時代なのである。(2) カラーバリエーションのある商品は「推し色」と称されて売りに出されるビジネスも展開されている。推し活は、まさにマーケティングに取り込まれてしまったように見える。

オタク関連の調査で有名な矢野経済研究所では、分野ごとに推し活の推定人数と一人当たりの年間消費金額について調査している。(3) そのデータによると、目を引くのがアイドルオタクの消費活動で、一人当たり年間八万一千円とされている。これはあくまで平均額なので、使っている人はさらに多く使っていることだろう。メイド・コスプレ関連のオタクも一人当たりの年間消費金額は高いが、活動人数が多くないため総体的に見ればそれほど大きな金額にはならない。一週間の平均オタ活時間も出ていて、アイドルのオタク活動は一週間に平均一〇・八時間と多くの時間を費やしているようだ。アニメや漫画のオタクも人数が多く活動時間も長いのだが、アイドルのオタクほどは出費が大きくないのである。

盛り上がる「推し活」経済

それでは、オタクの活動である「推し活」をマーケティングに取り込もうとする記事を具体的に見てみよう。

『日経新聞』は「「推し活」商機[4]」など、タイトルに「推し活」という言葉を入れた記事を非常にたくさん掲載している。推しチョコの売り上げが増加している、うちわやネームタグなどデコ（レーション）グッズが売れている、推し活グッズの収納文具や推し色文房具の展開、カプセル玩具が売れている、ステッカーが人気だ、推し活専用カフェがありますなどというように、推し活を消費行動や経済活性化と結びつけ、多くの記事が書かれている。以下、内容別に簡単にまとめてみよう。

株式会社トランス HP 画像より[5]

・旅行などライフスタイル

オタクによる推し活はライフスタイルへの影響と結びつけられ、ショップやモールが推し活と関わるような形で展開されるようになった。コロナ期間に新聞によく掲載されたのが、推し活と紐《ひも》づけた旅行や二〇〇〇年代に流行した「聖地巡礼」など、推し活と重ね合わせた旅行プランの開発に関する記事だ。推しに関わる土地を友人たちと巡って写真を撮ったりするほか、風景と一緒に推しのぬいぐるみやアクリルスタンドを写真に撮って投稿したり、推しと同じ衣装（手作りであることが多い）を着せたぬいぐるみやシルバニアファミリーの人形を推しと関連のある施設や地域に持っていき記念撮影をするというオタクの活動もあるように、いまや推し活と旅行は切っても切れない関係にある。

旅行以外でもパセラというカラオケ店で推し活仲間と集まって推しの誕生日会を開催したり、ＤＶＤやブルーレイの鑑賞会を行ったり、街中の商業施設を推し活のためにレンタルしたりする活動も紹介されている。推し本人不在の誕生日会（生誕祭）を事業として行っている会社まであるそうだ。

・広告や宣伝

人気アーティストを使って宣伝やキャンペーンを行い、商品のブランド化やブランディングを作り上げていくことも好意的に紹介されている。[6] キャンペーンやブランディングは広告代理店がこれまでビジネスとして活用してきた手法であり、本来であれば消費者であるオタクたちの活動とは関係がない。しかし、「推し活」という現象が挿入されることで、広告や宣伝の一環に、オタクたちの活動が巻き込まれつつある。

よく見かけるようになった「応援広告」と呼ばれる現象が、『日経MJ』の記事で紹介されている。これは、タレントやアニメのキャラクターの誕生日やデビュー日などの記念日、来日を祝うために有志のファンがお金を集めて街中に「応援広告」を出すもので、K-POPが発祥だと言われている。実際にSNSでは「誰々のお誕生日に広告を出すので、協力してください」などと、クラウドファンディングの手法で資金を募り、有志でメッセージボードやメッセージ広告を出すことがカジュアルに広がっている。こうした動きに相乗りする形で、JR東日本のグループ会社であるジェイアール東日本企画（jeki）が、応援広告を広げたいと語る記事もある。JRまでもが、推し活に絡もうとしているのである。[7]

他には「with広告」という現象もみられるようになった。「with広告」については、すでに論文も書かれている。[8] 広告と一緒に自分が写り込んだ写真を撮り、それをSNSに投稿すること

日経クロストレンドの記事「「推し活」新形態、ファンが作る「応援広告」広がる　交流の場に」より引用(9)

で商品の宣伝広告をファンが（意図せず）手伝う手法である。こうした新しいマーケティングや広告が、ファン活動の一環として新しい手法として広がっているのである。

・電子商取引

越境電子商取引や越境ECなども、オタクたちの活動と結びつけて展開されている。例えばこれまでは国内の商取引を中心に行っていたメルカリが、アニメやアイドルなどの推し活グッズの個人間取引に参入し、その市場をグローバルに展開しているのである。特に東アジア圏で広がりを見せていて、メルカリが中国の越境ECの会社と提携し、中国のファンと日本のファンとが直接メルカリ上で商品をやり取りできるようになり、電子商取引の拡大につながっていると紹介する記事もある。

・スポーツの応援

プロスポーツの応援だけでなく、アマチュアのスポーツ団体にも推し活は広がっている。『日経新聞』の記事では、高校のバスケットボール部が公式アプリを作って、推してもらうために年会費制の会員プランや投げ銭機能を新設していて、アマチュアスポーツを盛り上げる良い試みであると紹介されている。(10)

・グッズや商品化

グッズや商品化については、「推し活」と結びつけられた最も注目に値する現象として多くの記事で言及されている。二〇二一年一一月に衣料品製造販売のクロスプラスが推し活グッズの新ブランド「推部屋 Plus（おへやプラス）」を立ち上げたり、タレントや歌手などのファンクラブの運営会社とコラボしたりする事例が紹介されている。ちょうどその時期に新型コロナウイルスの流行があり、対面イベントであるライブやコンサートで集客ができなくなっていた。その代わりに、推し活グッズを作り、販売し、稼いでいこうという機運が非常に盛り上がった。

さらには、推しの名前を書く「推しグラス」やボトルのラベルをカスタマイズする「推しボトルカフェ」、ステッカー、「推しネームタグ」なども展開されている。推し活グッズの収納や装飾、額装のためのグッズも開発され、推し色（キャラクターやアイドルグループなどで、各キャラクターやメンバーに与えられたテーマカラーやメンバーカラー）と重ね合わせたカラフルな文房具が開発され、ポーチやカードケース、グッズのコレクションを並べて飾るアクリルディスプレイやうちわを収納できるバッグ、クリアファイル額装バッグ、グッズケースなど、推し活関連のグッズ市場がこの三、四年の間に開拓され、非常に盛り上がっている。

変わり種としては、キャラクターをイメージした香りを作り、推しアイドルなどの名前を香水瓶のラベルに印字して調香《ちょうこう》し、作った香水を写真に撮って推し活用のアカウントに投稿するといった活動もある。また、お仏壇のはせがわが推しのアクリルスタンドを設置して神様のように崇《あが》め奉ることのできる神棚を販売している。「推し壇」というネーミングで税込み九千九百円。アクスタの大きさによって高さを変えられるすぐれもので、ビジュアル的にも面白い。持ち歩けるだけでなく、写真を撮影してSNSに投稿する行為の一般化が、これらのグッズの販売や売り上げ、商売としての広がりを後押ししている。

企業によるオタク消費の捉え方

ここまで見てきたように、オタクの活動である推し活とオタクによる消費に関する報道や雑誌記事は、その半分くらいが経済活動やマーケットとの関係で語られている。では経済との関係において、推し活やオタク消費の意義はどんなふうに捉えられているのだろうか。

二〇一七年に刊行された『ファンダム・レボリューション——SNS時代の新たな熱狂』という本は、SNS時代のファンダムがマーケティングでどう活用されているのかを示しながら、他方でファンダムは経済に還元されるようなものではない、ということを力強く主張している。ファンダムは、「オブジェクトへの情熱を表現しあえる場所を見つけた、大勢の人たちによる自発的な活動である」（八一頁）と定義され、

ファンダムとは「人」を表す言葉ではない。ファンの「行動」を表す言葉だ。熱狂的な人たちが参加する、カネ儲けにならない一連の活動が、ファンダムだ。（略）ファンの生み出す活動が、プロダクトを広い範囲の人たちにつなげ、人々をそこに惹きつける。そこに参加することが価値になる。実際、ファンと消費者を分けるのは、参加体験だ。消費者はおカネを払ってブランドを手に入れる。ファンはそこに時間とエネルギーを注ぎ込む。（五一頁）

と書かれている。

この本で具体例として取り上げられているのが、アメリカの投資家ウォレン・バフェットが率いるバークシャー・ハサウェイという、傘下に多数のブランドを抱えている大きな会社である。ここの株主総会は毎年イベントが盛りだくさんで何万人もの人が参加し、二〇〇八年のリーマン・ショックの間でさえ、もっとお金があるなら株を買い足したいと株主が口々に語っていたことが記されている。つまり、バークシャー・ハサウェイの株を買った人は単に株の投資家であるというよりも、このブランドのファンであり、このブランドが作る商品を欲しがるだけではなく、

この製品が併せ持つ社会的な意味やブランド力を非常に気にかけていて、そこに時間と労力を注ぎ込んでいるのである。

こういう企業ブランドがファンダムを味方につけると、ファンダムの人たちがあの手この手で商品の値段以上の活動や価値をブランドに与えてくれる。巡礼をしたり、すでにあるコンテンツから新しいコンテンツを創造したり布教したり、友達を作ったり、なりきりごっこをしたり、コレクションを集めたりというように、いろいろなファンダムの活動がそこから広がり、そうした活動がまたその企業を支えるブランド力として循環し、どんどん経済的に企業ブランドを育てるようになるのだと、この本では主張される。

もっともオタク的感性から遠いように感じられる『日経新聞』が推し活の記事を大量に掲載しているのを見て、最初はなぜこんなにも推し活に関心があるのだろうかと疑問に思ったものだが、記事を読んでいくうちに、オタクの活動と消費によってお金儲けができると考えているからなのだと分かってきた。とはいえ、オタク活動をしている人たちは、投資家のようにお金を増やしたいと考えて活動しているわけではない。単純にそのブランドや商品、オタクの場合であればアイドルやキャラクター、事務所などが大好きで愛着があって、そこに自分たちなりの意味や価値を生み出し、応援していきたいと感じているのである。その気持ちは、オタクの活動を利用して儲けたいと考えているマーケティングと、不幸なことに実に相性が良い。その結果、オタクたちは、知らないうちに企業のブランディングやお金儲けに巻き込まれ、利用されてしまうのである。

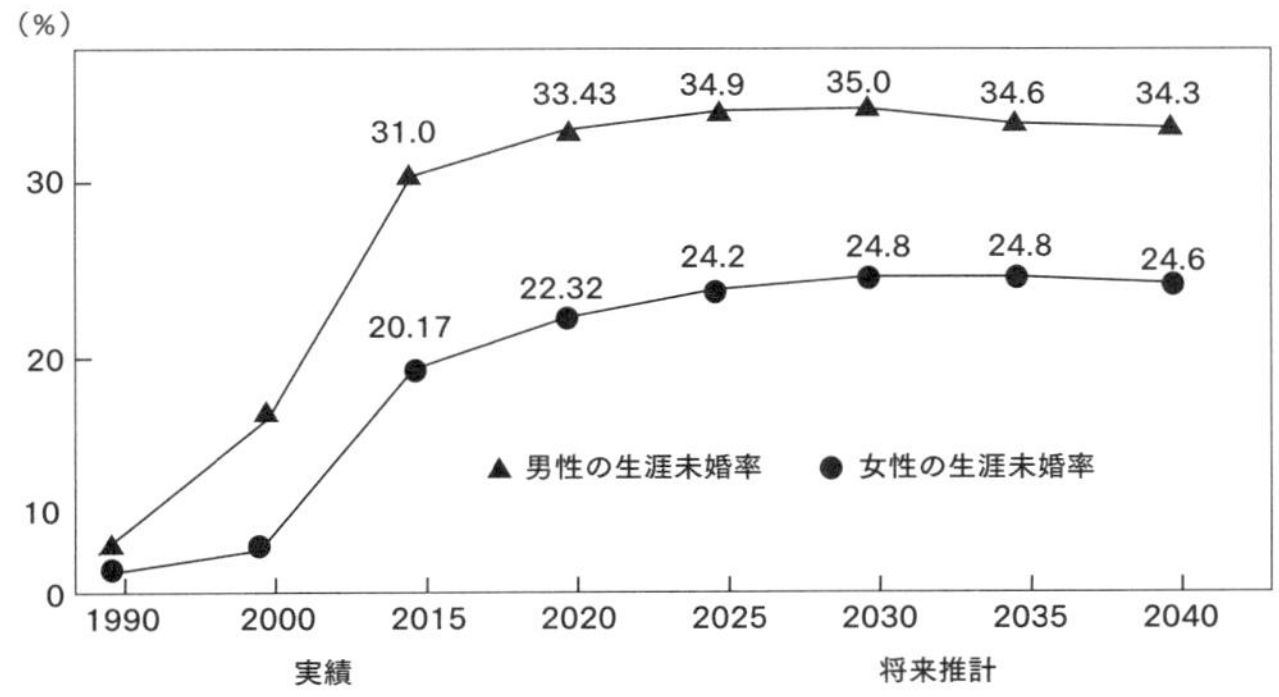

（注）未確定な配偶関係を除いた人口割合（全人口に外国籍も含む）
「生涯未婚率」30 〜 59 歳の未婚率の平均値
（資料 1.）日本の世帯数の将来推計（全国推計）2024（令和 6）年推計
（資料 2.）令和 2 年国勢調査人口等基本集計結果

こうしたオタク消費と経済活動とを結び付ける欲望について考えてみる際に、その欲望の背景に何があるのか、「おひとりさま」社会の視点から書かれた推し活の記事がヒントを与えてくれる。周知の事実であるが、二〇二〇年の「国勢調査人口等基本集計結果」によると日本の生涯未婚率は、男性が三三・四三%、女性は二二・三二%と年々高くなっている。このままのスピードで上がり続けると、二〇四〇年には三五%弱の男性が未婚のままになる。こうした数値のインパクトからか、一人暮らしの人が推し活にはまっているのだと、商業系の雑誌が取り上げ、おひとりさまによる「推し活」需要に対応してお金儲けしようではないか、といった記事も頻出している。

そのうちの一つ、雑誌『商業界』二〇二〇年四月号では「「おひとりさま」消費で繁盛する」という特集が組まれ、「おひとりさま需要に対応するキーワードは5つ！」という記事で次のように語られていた。

秋葉原で盛んな「推し活動」。アニメやアイドルを応援するとき、自分が好きなキャラクターを「私の推し」などと呼び、キャラクター固有のグッズを購入したり、イベントに参加します。これはオタク文化に限ったことではありません。店のファンになってもらうのと大差ない活動です。近頃盛り上がりを見せているクラウドファンディングも同じです。自分が好きな企画を応援する行動がクラウドファンディングです。人は社会性のある動物であり、誰かとつながっていたいのです。家族という単位を持たないおひとりさまは、家族のように応援し気に掛ける存在を本能的に求めます。（七五―七七頁）

この記事は、徹頭徹尾「おひとりさま」なる存在への偏った視点で書かれている。まず「おひとりさまは、家族のように応援し気に掛ける存在を本能的に求めます」という文章があるが、何を根拠に書かれているのか分からない。「人は社会性のある動物であり」、「誰かとつながっていたいのです」という診断も、本当にすべてのオタクが誰かとつながりたくて推し活をしているのだろうかと疑問を抱かざるをえない。他人とつながりたくないオタクというのも、少なくない数、存在しているからだ。近頃、推し活＝人とつながるためのもの、という語りが非常に増えている。「おひとりさま」社会と推し活をセットにして推し活を盛り上げていこうとする、もしくは「おひとりさま」をキャッチしてお金を儲けましょう、という厭《いや》らしい視線が推し活に向けられている。その前提にあるのは、「おひとりさま」は寂しい存在であり、他者を求めているに違いないという「おひとりさま」への先入観であり、その寂しさに付け込み他者とのつながりを提供／介在することで「おひとりさま」の稼ぎをかすめ取ろうとする企業や経済人の欲望なのである。「おひとりさま」論の元祖である上野千鶴子氏は、『おひとりさまの老後』でこんな風に書いている。「高齢者のひとり暮らしを、「おさみしいでしょうに」と言うのは、もうやめにしたほうがよい。とりわけ、本人がそのライフスタイルを選んでいる場合には、まったくよけいなお世話というものだ」（四三頁）。高齢ではない「おひとりさま」だって、「まったくよけいなお世話」と考えていることだろう。こうした商業サイドの推し活への期待感に、私自身は警戒心を抱かずにはいられない。

第1章でも言及したように、デジタルテクノロジーの開発との関係で、推し活が活用されているという状況もある。ＮＦＴやクリプトなどのデジタル上のコンテンツ、しかもオリジナル性を付与されたコンテンツの開発にオタクの好きなものが利活用されている。例えば、新しいＶＲ空間でライブをするからチケットを買えということになり、やむをえず新しいアプリをダウンロードして登録し、名前や電話番号や住所などの個人情報を記入して新しいコミュニケーション方法を覚え、そうしてようやくライブを見せてもらうことができる。個人的所感にすぎないかもしれないが、推し活が新しいデジタルメディアやアプリの普及のための生贄のように利用されているようで、非常に嫌な気持ちになる。次から次へと新しいアプリをダウンロードさせられ、次々と新規アカウントに登録させられ、その結果、自分の見たいコンテンツにはアクセスできるものの、そのアプリを他に使うことにはならないし、普及しないままで終わっていくのを何度も目撃してきたからである。

過度な消費文化

推し活に関連する過度な消費文化の現状について、さらに考えてみたい。まず前半ではマーケティング／コンテンツ領域からの過度な消費主義とその推進について検討し、後半ではどうすればファンたちはそこから距離をとることができるのか、知恵を絞ってみることにしたい。

ファンたちは、最初のうちは忠誠心や愛情によって推し活やオタ活に参入していくものの、気が付くと自らもマーケティングの言葉を使い、過度な消費文化に陥ってしまうことがある。『日経MJ』（二〇二〇年一月一〇日）に掲載された村山らむね氏の連載「奔流eビジネス」では、「多様な趣味肯定「沼消費」の時代」というタイトルで以下のような内容が書かれている。

多様な趣味嗜好を肯定する時代。どっぷりハマる「沼」を持つオタクは、ある種のうらやましさを持って語られるようにさえなってきた。「沼消費」「推し消費」と呼ぶいくらつぎ込んでも惜しくない消費スタイルは非常に熱い分野になっている。

先ほど紹介した『ファンダム・レボリューション』では、「現代のマーケティングはファンの消費行動を予測し、ファンを盛り上げることでお金を使ってくれるだろうと考え、ファン活動の恩恵にあやかっている」（二九―三〇頁）という記述があった。この本で描写されたファンの活動やマーケティングへのファン活動の取り込みは、目下、日本社会でオタクや推し活をめぐって起きていることと非常に似通っている。日本のマーケティングや消費予測の中で、オタクや推し活をする人の参加が前提とされて商品戦略や消費喚起が打ち出されているように、ファンの参加は現在のマーケティングでは不可欠のものとされている。

そうした参加を拡大していくのは、ソーシャルメディアを使ったファン活動や推し活の広がりである。ソーシャルメディアはファンを結び付け、活動を可視化させ、ファン消費ともリンクしている。ハッシュタグをつけたソーシャルメディアでの拡散やコンテンツの一部を利用した動画の作成、二次創作をＳＮＳで拡散すること、クラウドソーシングのプロジェクトや応援広告でお金を集めること、ダウンロードやメディアミックス、ブログやインスタやYouTubeへの感想やレポ（ート）の投稿、撮影した画像の投稿や拡散、アクスタやぬいぐるみと一緒に推し活の現場で撮影した写真をＳＮＳに投稿していくことなど――現在これらの活動がある種の宣伝として期待され、だからこそ商品を売る際にはオタクたちの行動を先読みすることが織り込まれていくのである。

実際、コンテンツの広報や宣伝にファンが主体的に参加せざるを得ないように、企画や宣伝・広報活動の戦略が立てられている。ファンは推しのために喜んで宣伝や広報に参入しているけれども、冷静に考えるとそれは単に無償労働をさせられているだけだとも考えられる（この点については、すでに第2章で見てきたとおりである）。

電通の推し活アナリストの猿渡哲也氏は、推し活に必要な三つのリソースとして「お金・時間・労力」を挙げている。『ファンダム・レボリューション』では、ファンに必要なリソースは「お金・時間・忠誠心」だと主張されているが、最初の二つが同じリソースであることは興味深い。三つ目の「労力」については、そのリソースの善き面だけを見れば「忠誠心」となるし、その行使に伴われる苦痛を含めれば「労力」ということになるのだろう。こうしたマーケティング側の論理にファンが巻き込まれていく際、ファンの側では自分たちをどのように見ているのだろうか。X（旧Twitter）には、経済的な語彙《ごい》を使った「労力」や「忠誠心」に関する表現が、たびたび投稿されている。

ジャニー喜多川の性暴力問題が社会問題化した二〇二三年の秋ごろ、大手企業がジャニーズのタレントとの契約を解除すると表明したのに対して、コアなファンたちが「〔契約解除するならば不買運動を行って〕自分たちの購買力を見せつけてやる」とか、「私たちが経済を回してきたのに

〔その恩をあだで返すとは〕」といった表現で自分たちの消費パワーを誇示するような発言しているのを数多く見かけた。

様々なジャンルのオタクと購売力に関するいくつか代表的な投稿も見てみよう。結婚している女性の投稿で、「ファンなら契約してお金を落とせ的なツイート見て本当その通り、ファン失格ですまない。て思うけどできないものはできない」というものがあった。これは、独身だったら頑張っていたけど家庭があるからできないという気持ちを吐露するものである。

「いいオタク＝大金を落としてるオタクに決まってるだろ、それ以外は基本ない　1円も落とさないのに綺麗事だけ言ってるやつが一番キモいしアンチより悪質」という投稿もあった。こうした「お金を落とすことがいいオタク」という見方が少なくともSNSの中で蔓延している。

このようにマーケティングや経済に近しい語彙や言い回しが、ファンやオタクの間で自然に使われるようになっている。さらに、こうした経済化された言い回しがソーシャルメディアの空間で提示されることを通じて、ますます「私も頑張らなきゃ」、「もっと買わなきゃ」、「もっと消費しなきゃ」というように焚きつけられて、競争心が激化していく。マーケティング側もファンやオタクを巻き込もうとしているし、ファンやオタクもそれほど抵抗感なく「お金を積むのがいいオタク」だと喜んで／強がりながら巻き込まれていく。その結果、コンテンツサイドもファンやオタクの側も、過度な消費行為を非常にポジティブに語るようになっている。これはまさにネオリベラリズム型経済の――つまり経済がすべてだとか、経済こそが至上の価値であるといった――いささか下品な感性に、ファン文化が取り込まれてしまったことの証左である。第2章でも紹介したマイケル・ハートは、情動労働について説明する際に、情動労働と資本主義の関係について、次のように述べている。

生産はコミュニケーション的となり、情動的となり、道具化から免れ、人間関係のレヴェルにまで「高められている」(略)この人間関係は完全に資本によって支配され、資本に内属しているレヴェルのものである(ここにおいて、経済と文化の区別は解体し始める)。情動の生産と再生産のなかで、そしてまた文化とコミュニケーションのネットワークの中で、集合的主体性が生産され、社会性が生産される。もちろんその主体性や社会性は、資本によって直接的に搾取されるものであるが、(略)情動にかかわるこの非物質的な労働が、今や直接に資本を生産するにいたったということ、またそれが、経済の広範な分野で一般的なものになったということは、新しい事態である。(ハート「情動にかかわる労働」一二三頁)

イギリス出身のメディア文化論の研究者でフェミニストとしても知られるバネット＝ワイザーは二〇一二年に出版した『Authentic™』という本で、ハートの述べた「経済と文化の区別は解体し始める」という説明よりもさらにラディカルな主張を行っている。バネット＝ワイザーは、かつてオーセンティックなものであり、本物であり、正しいものであった文化というものが、今日の世界ではどんどん経済に浸食され、文化の正しさ、本物らしさが失われて経済活動に飲み込まれてしまったと、そのように文化と経済の関係を考えるだけでは、もはや現実に起きていることを説明できないのではないかと疑問を呈している。バネット＝ワイザーによると、私たちの身の回りで起きているのは、経済的に思考し、経済中心に行動することが、今日では「文化」と呼ばれるようになった。つまり、私たちは文化的な現象を経済的な発想で語っているのではなく、「金の力」、「経済を回す」、「購買力を誇る」といった経済的価値そのものが「文化」となった時代を生きているというのである。

情動労働を取り巻く人間関係が資本に内属し、資本によって支配されていることから私たちの社会性や主体性は資本や経済の論理や言葉の下で構成されているとするハートの主張を飛び越えて、事態はさらに深刻化した。バネット＝ワイザーの主張に基づいて論じるなら、現在のオタク文化やファンの活動の多くは、経済的に活動し、消費を誇ることそのものと化してしまったということになる。極論かもしれないが、私たちの愛すべき活動が、経済活動そのものに「堕して」しまっているのかもしれない――このような危惧を、私は一人のオタクとして指摘しておきたい。

リクレイム・ザ・推し活

一方で、私が吐露したように、オタクやファンの活動がすべて経済とマーケティングに飲み込まれてしまっているということに危機感を抱いている人もたくさんいる。最近Xで、このような投稿を見かけた。

「体感的に〝推し〟って単語ももう使わない方がいい感じになってきた。なんかテレビとかメディアと言う巨大資本に〝推し活〟と言う単語を押し付けられたら資本主義的消費対象に否応なく巻き込まれてしまって嫌なんだよね。自分は〝推し活〟なんてしてるつもりないし」

この方は、新聞や雑誌で推し活がもてはやされ、テレビをつければ推し活特集を放送している現状に対して、巨大資本が推し活を飲み込もうとしていると感じ取っているようであり、それを回避するために「推し」という言葉を使いたくないと主張している。

そこで最後に、経済至上主義へと飲み込まれつつある私たちの活動をどうやって取り返すことができるのか、また、こうした状況に葛藤を抱き始めている人が出てきていることについて考えてみよう。

現在、消費することと推しを応援することがほぼイコールの形で語られているが、それはあまりにも即物的であると感じたのか、マーケティングに携わる人たちもまた別の表現を用い始めている。例えば、「個人の欲求を満たすための消費から、他者とつながるための消費へ」（『日経MJ』二〇二二年一二月三日）とか、「推しは好きの上位互換、応援することで他者と好きを共有」、「応援される側である推しを知ってもらいたいがゆえに推し活をする人が増えてきた。主体が自分ではなく推しになってきている」、「友人や周囲の第三者を巻き込んだ、より社会的な活動へと変わってきている」（猿渡哲也「これからの観光を変える推し活」『観光とまちづくり』二〇二三年夏号）など、推し活には社会性があるとか、推し活はコミュニティ作りや人とつながるための、友達を作るための活動だというようなきれい事が語られ始めているのである。

私自身はマーケッターによるこうした発言をまったく信用していないので、きれいなことを言ってオタクを動員し、結局のところ金銭を搾り取ろうとしてるんでしょ、と底意地の悪い感想しか持てないのだが、二〇二三年頃から、「推し活」を経済以外の側面から語る動きがとても増えてきていることは確かなようだ。

例えば、「推し」という言葉には対象を所有する意識が感じられてしまい抵抗感があるという発言がある。[11] 所有する意識については第1章でも少し言及しているが、「心理的所有感」という概念を用いて研究されているので改めて紹介しておく。「アイドルに対するファンの心理的所有感とその影響について」という論文では、五五〇人のアイドルファンからデータを収集し、アイドルに対するファンの心理的所有感（法的所有権とは異なり、対象との結びつきによって対象を自分のもののように感じること、私の推しは私のものといった所有感）が、同担拒否のような複雑な意識を生むことを明らかにした（同担拒否とは、推しが同じである人を、仲間ではなくライバルであるとみなし、忌避する態度である）。一方で、自分の所有物である推しがもっと広がっていけばいいという意識が強くなり同担同士で仲間意識が生まれると、それが集団意識的所有感に発展して同担や同じ対象を推している他者とのつながりや集団的な認知に向かっていくということを実証している。心理的所有感とは、社会学者の辻泉氏がかつて「関係性の快楽」という言葉を使って説明したものと類似した感覚である。[12] 心理的所有感は同担拒否のような他者の排斥に向かっていく場合と、推しを押し上げるといった同じ目標を共有する仲間意識のようなものに繋がっていく場合があり、このような心理は決して悪いものばかりを生み出すのではないと述べられている。しかも集団的心理的所有感にたどり着くと、推し活を続けようとか、自分たちの推しをさらに押し上げようといったポジティブな心理的側面が生まれ、その人のウェルビーイング、幸福感にも多大な良い影響を与えているというのである。

さらに、二〇二三年頃から「推し活疲れ」という言葉も出てきた。非常にたくさんのお金を使わないと推し活ができないことから、もう推し活に疲れてしまった、金銭的に疲れてしまったと言い始めている人たちが現れたのである。実際に、消費者庁が二〇二一年一一月に実施した調査を踏まえて書かれた記事もあり、主に金銭的な面からの推し活疲れについて紹介されている。

私はさらに、推し活によって、お金だけでなく時間も奪われていることが問題だと考えている。第2章でも言及しているとおり、推し活に時間を取られてしまい、他のことに時間を割けなくなりつつあるという問題である。お金の場合には収入に応じてある程度自分自身で消費の範囲を制御することができる。持っている人はお金をかけられるし、そうでない人は投資できないというように、各自の収入によって自動的に制約せざるを得ないという意味で、金銭の問題は実に現実的である。しかし、昨今では、お金以上に「時間」が、もっとも消費させられてしまっているのではないかと、そんな風に感じている。なぜなら、お金と違って「時間」は、あらゆる人間に平等に与えられており、場合によっては生命的な再生産に必要な時間以外のすべてを注ぎ込むことができるからだ。

推す対象の活動がインターネットやデジタルメディアなどの領域に広がっていくにつれて、SNSをチェックしたり配信を視聴したり、頻繁に開催されるオンラインイベントを追いかけたり、推しが出ている広告が出たときにその広告を写真に撮って自分のSNSに推していることの証としてアップしないといけなかったり——主にデジタルメディアを利用したコンテンツのせいで、私たちは推し活に時間を注ぎ込み、お金と忠誠心を注いでいることを顕示し、推し活以外のことにかける時間を奪われてしまっている。

私は好きで推し活をやっています、楽しんでますから余計な説教はしないでと言うのであれば、確かにそれは個人の自由であり、他人にとやかく言う筋合いはないかもしれない。しかし現代の推し活において時間と情熱とエネルギーを二四時間捧げないといけなくなりつつあることの最大の問題点は、推し活に時間と情熱と労働を奪われてしまうことで、社会的な事柄や公共的な事柄への関与の時間を自分自身の人生から剥ぎ取られてしまっている点にあるのではないかと感じている。

そういう「公共圏」（ハーバーマス）や「コモンズ」（ネグリ＋ハート『コモンウェルス』）への関心や関与の時間を奪われていることが、今日のオタク消費における最大の危機なのではないだろうか。かつて「パンとサーカス」という言葉が流行し、サーカスでも見せておけば貧しい人たちは夢中になって、自分たちの置かれた立ち位置を不満に思い騒ぎ立てることはないだろうと、独裁者に支配されたことに気付かぬ民衆が揶揄されたものだが、現在は、支配者が民衆の意識を逸らすためにサーカスを与えるのではなく、エンタメ産業が幸福感を与えてくれる商品やコンテンツを金儲けのために生産し、提供し、私たちはそれに気を取られ、心を奪われ、社会的なことに関わるエネルギーと時間を失ってしまっている。したがって、資本が私たちから関心とエネルギーを搾取しているという言い方はおそらく間違ってはいないのだ。

こんなことを言うと怒られてしまいそうだが、仕事は多少は手を抜いて投げやりにやっていてもなんとなく進んでいく。でも、オタクやファンの活動の場合、ソーシャルメディアの中で、私はきちんと忠誠心をもっていますと自己呈示し、オタク同士で集まったときにちゃんと推しの配信を見て情報を集めていないと、仲間から「真面目に推していない」と思われてしまう。その恐怖は、仕事の比ではない場合もある。仕事よりも推し活のほうがプレッシャーを与えてくるということは、案外、多くあるのではないか。

博報堂生活総合研究所が二〇一七年頃から「トキ消費」という言葉を提唱している。モノ消費がコト消費になり、そしていまや「トキ消費」の時代であるというのである。モノ消費とはモノを買うことで、かつて製品や物理的なモノを買うことが消費の喜びだった時代の消費傾向を指す。みんながモノを持てるようになってくると、体験型のものや旅行など、製品ではない非物質的な経験や体験を消費すること＝コト消費が活性化されるようになった。それらに続いて、いまや「トキ消費」の時代が到来したというのである。「時間や場所が限定されていて同じ体験が二度とできない非再現性」、「不特定多数の人と体験や感動を分かち合う参加性」、「盛り上がりに貢献していると実感できる貢献性」。これが「トキ消費」の三要素とされているが、全部、推し活に読み替えられる要素である。

この「トキ消費」は要するに、「アテンション・エコノミー」とほぼ同義の言葉である。アテンション・エコノミーという言葉は、私たちの注意力・関心・時間をいかに惹きつけて、広告を見せるかということがソーシャルメディアの野望でありメカニズムであって、注目を惹きつけることによって経済を回していくという意味で使われている。アテンション・エコノミーの時代に、オタクの活動もまた、注意力と時間をいかに惹きつけ奪っていくのかをめぐる経済活動に転換されてしまった。

ミヒャエル・エンデの『モモ』という作品に、「時間どろぼう」という存在が出てくる。物語の中で「時間どろぼう」は、合理性や効率を追求するあまり人間的な心が私たちのもとから失われた状態、合理化された労働として私たちの時間が奪われていってしまうことを象徴する存在だった。しかし現代社会においては転倒が起こり、労働よりも余暇、つまりエンターテインメントが私たちの時間を盗んでいく「どろぼう」になってしまっているといえるのではないか。

私の友人に、大学院を卒業後、現在は海外で働いている三〇代のオタク女子がいる。彼女は政治や社会課題への関心も高く、昨今では珍しいリベラルな人であるのだが、最近とある作品のあるキャラクターにハマってしまって、同人活動を再開し、ずっとその作品とキャラクターのことを考えている。そんな彼女と久しぶりにZoomで話したときに、「この作品にハマってから、私はまったく社会に目を向けなくなっちゃった。今の日本に多くの課題があって取り組んでいかなきゃいけないと思いつつ、おしごと（「お仕事」と「推し事」のダブルミーニングである）が忙しすぎて新聞も読んでないし、ニュースを見る時間すらない。せっかく海外にいるのに、推し活に夢中になっちゃって、どんどん時間を盗られちゃって、公共の問題どころか自分の将来のことを考える暇すらない」と語ったのである。彼女の場合は自覚があるからいいのだけれども、やはりオタクの活動やエンターテインメントに心を奪われっぱなしになると、そんな風に作品やキャラクターや推しに時間を盗まれてしまって、けれども本人の意思ではどうしようもできないということも起こりうる。

他方で、友人の中にはこんな女性もいる。地方都市に住んでいて、普段それほど政治問題など公共性の高い問題について意識したり考えたりしたことがない、というタイプである。彼女は子供を産んでから仕事を辞めて子育てに専念し、普段は家庭を中心に生活している。そんな彼女にとって、推し活そのものが社会との公的なかかわり／つながりなのであり、推し活によって経済を回すこともまた、社会活動への貢献であるというのだ。推し活によってつながる人たちとのコミュニティを共有する感覚や、ライブやコンサートに出かけること、推しのためにボランティア活動や寄付をする行為など、あらゆる活動が社会とのかかわりであり、自分自身の意識を社会やコミュニティといった、より大きな存在に向けることにつながっているというのである。

実際のところ、数が多いのは最初に紹介した院卒のオタクではなく、後者のタイプのような女性たちかもしれない。彼女たちのような女性が、「経済を回している」と力強く主張し、広告の中で推しが宣伝している商品の売り上げを自分たちの力で大きく伸ばせたことを誇らしく語っているのかもしれない。

彼女たちの発言を一段高い視点から見下ろして、「あなたたちがつながっているものは公共性ではない」と非難することは実に簡単だ。彼女たちは視野の狭い世界を生きていて、経済活動を公共的な活動だと思い込むよう「虚偽意識」を植え付けられているのだと批判することも、さして難しいことではない。しかし、オタク活動やファン文化が社会との大切なつながりである、と語る女性たちを、そんなふうに非難し、批判して終わるような立ち位置に、私は絶対に立ちたくない。仮に批判できるとして、そのような批判をする人間が、彼女たちにオタク消費の問題点を伝えることなどできるものだろうか。

これは古典的な命題である。オタク消費への批判は、オースティンがいうところの「事実認識的発話」にはなりえても、それを生きる糧《かて》とし、全てを捧げている人たちの現状に介入して問題を解決するための「行為遂行的発話」にはなりえていない。

オタク消費を考えるための言葉を、私たちはさらに研ぎ澄ましていかなくてはならない。

注

（1）「トレンドマップ2021下半期」『日経ＭＪ』二〇二一年一〇月二〇日

（2）この点について私は二〇〇五年に、「迂回路をたどる――サッカー文化における〈女性化された〉ファンの位置と実践」（小笠原博毅・有元健編『サッカーの詩学と政治学』人文書院）の中でフェミニズムの観点から批判的に論じている。

（3）「「オタク」に関する消費者アンケート調査を実施（2023年）」矢野経済研究所　https://www.yano.co.jp/press-release/show/press_id/3382（最終アクセス二〇二四年七月一日）

（４）「クロスプラス「推し活」商機　ファンクラブ会社と商品企画」『日本経済新聞』二〇二二年五月一三日

（５）「本人不在の誕生日会（生誕祭）　推し活事情を学ぶ⑯お店や自宅で推しの生誕をお祝い♪」TRANS https://www.trans.co.jp/column/oshikatsu/oshikatsu-birthday/（最終アクセス二〇二四年七月一日）

（６）例えば、「Galaxy Harajuku」はＢＴＳを起用し「推し活の聖地」として知られるようになった。

（７）ＪＲ東日本企画「jeki のＨＰには、「〝推し活〟を全力で応援したい。そして、応援広告の文化を日本に根づかせたい──jeki 応援広告事務局」（https://ebisu-hatsu.com/8858/）と掲載され、応援広告事務局があるそうだ。（最終アクセス二〇二四年七月一日）

（８）駒澤大学経営学部の学部生（中野香織ゼミナール）による中島良輔・畔原未空・冨野桜子・山本紗千・横山滉樹「広告と共に写真を撮る心理的要因が拡散行動に及ぼす影響──若者に見られる新たな推し活の形に着目して」『日経広告研究所報』第五七巻第三号、二〇二三年、六〇─六五頁。

（９）『日経ＭＪ』二〇二二年一二月二八日付記事「応援広告、ファン交流の場に」を再構成したもの「「推し活」新形態、ファンが作る「応援広告」広がる　交流の場に」https://xtrend.nikkei.com/atcl/contents/18/00630/00013/（最終アクセス二〇二四年七月一日）

（10）とはいえ、一般の高校生の部活に応援のメッセージを送り、投げ銭を行うことは危険を伴うのではないか。褒めるための言葉だけが投稿されるのであれば問題ないが、誹謗中傷の言葉を投げつけられる危険も生じるし、投げ銭機能では誰がいくらもらったということが数値化されてしまう。ホストクラブのような特殊な商取引の場所ではなく、一般のアマチュア高校生の部活で「推し活」という美名のもとに人間への評価が数値化され、生徒たちを競争主義の渦中に放り込むことが教育として正しいことなのか、健全なことなのか、個人的には非常に疑問が残るが、新聞記事においてそのような懸念は表明されていない。

（11）「「推しを生け贄にはしたくない」ファンがアイドルを消費しないために考えたいこと【社会学者・ハン・トンヒョン×小島慶子①】」『mi-mollet』二〇二三年五月八日　https://mi-mollet.com/articles/-/42056?layout=b

（最終アクセス二〇二四年七月一日）

（12） 辻泉「関係性の楽園／地獄――ジャニーズ系アイドルをめぐるファンたちのコミュニケーション」『それぞれのファン研究：I am a fan』風塵社、二〇〇七年

参考文献

井上淳子・上田泰「アイドルに対するファンの心理的所有感とその影響について――他のファンへの意識とウェルビーイングへの効果」『マーケティングジャーナル』第四三巻第一号、二〇二三年、一八―二八頁

上野千鶴子『おひとりさまの老後』法研、二〇〇七年

エンデ、ミヒャエル『モモ』大島かおり訳、岩波少年文庫、二〇〇五年

ハート、マイケル「情動にかかわる労働」三輪聡訳『思想』一九九九年二月号、一六―二七頁

Baner-Weser. S. *Authentic™: The Politics of Ambivalence in a Brand Culture*, New York University Press, 2012.

フラード＝ブラナー、ゾーイ＋グレイザー、アーロン・M『ファンダム・レボリューション――SNS時代の新たな熱狂』早川書房、二〇一七年

II

アイドルたちがみせるもの

第4章 アイドルたちは何を開示しているのか？

以前、芸能事務所から、「新しくオーディションをしている男性ダンス&ボーカルグループの合宿所で、メディア・リテラシーやフェミニズムについて講義をしてほしい」という、一風変わった依頼が届いた。BMSGという聞いたことのない名前の事務所からの依頼だったが、活動休止中のAAAのメンバーであるラッパーのSKY-HI氏が社長であると分かり、少しだけ悩んで私はその依頼を受けることにした。[1]

受けると決めた理由の一つは、何年か前に自分の「推し」が強制わいせつ致傷容疑で逮捕されるという出来事があったためである。その時に負った心の傷が癒《い》えないまま現在に至っており（「推し」の犯罪は、自分の家族が犯した罪と同じくらいの苦しみをファンに与えるとその時に知った）、二度と同様のようなことが起こらぬよう、後進の人々のために何かできるのであればぜひ協力したいと考えたからだ。それに、新たにダンス&ボーカルグループとしてデビューする男の子たちに、社会正義やジェンダー平等について学ぶ機会を提供するだなんて、なんと素晴らしい事務所だろうと感じいったからである。

これまで、エンタメ業界の男の子たちが逮捕されたり、性暴力の告発を受けたりして引退に追い込まれるのを多く見てきた。「推し」というほどではないにしても、応援している人々による恋人や身近な人間への心理的・物理的暴力の問題が時にネットで話題になることがあり、男性アイドル――いわゆる歌って踊る「アイドル」だけでなく、広くファンによって支えられるお仕事をしている男の子たち全般――の素行や男性性のもたらす負の側面についてはずっと考え続けてきた。

その依頼を受けたさらに数カ月後には、旧ジャニーズ事務所のアイコンとして長年君臨していたジャニー喜多川元社長による、事務所所属の若年アイドルの卵たちへの性暴力・性加害問題も、BBCのドキュメンタリーによる映像化や、かつての被害者たちの告発を機に報道されるようになった。

芸能をめぐる性犯罪の問題については、タレント自身が犯すものと、事務所やテレビ局など権力を持つ主に男性が、男女ないしは様々な性自認のタレントたちに行使するもの、の二つに大きく分けられる。その根源には、様々な形態の「ハラスメント」、「性暴力」、「性加害」というものへの、加害者による無知と無責任が横たわっていると考えている。

ともあれ、ＢＭＳＧという事務所が、タレント候補生たちにきちんと知識を与え、教育しようとしている、という事実は私の気分を少し明るくしてくれた。事務所の方は、社会的課題や問題に対して積極的に発言をすることの多い、グローバルに活躍するK-POPのダンス＆ボーカルグループの存在によって、若い男の子たちをしっかりと育てようという機運が生まれたのだと語っていた。このような試みが広がるのはとても素晴らしいことだと思う。

＊

さて、大きい声で推し活をしているせいか、近年、アイドル的な男の子たちについて書いたり話したりすることを依頼される機会が増えた。しかし、私自身は「アイドル研究者である」と名乗ったことはこれまで一度もない。なぜなら、私くらいの年齢の研究者にとって、「女性」がアイドル研究の領域に入れてもらえる機会はほとんど与えられてこなかったからである。

私たちにとって「アイドル論」といえば、長い間、「男性」の評論家や研究者が「女性のアイドル」について論評することを示していたように思う。映画研究者のローラ・マルヴィが述べていたのと同様に、アイドル論の中でもまなざす主体はつねに男性であり、女性たちはまなざされる客体ないしは商品として位置づけられていた。まなざす主体としての男性評論家・研究者が、客体もしくは商品としての女性アイドルについて語り、批評し、品定めをする。賞賛するのであれ、批判するのであれ、ジャッジされるのはいつでも女性のアイドルたち。しかも、長い間、女性アイドルが自らについて自由に、赤裸々に語ることなど許されてはこなかったし、女性の評論家や研究者も、女性アイドルについて言葉を発する機会をほぼ与えられてこなかった。ただし、自身の声で発言することが許されてこなかったのは、男性アイドルたちも同様である。ジェンダーに関係なく、恋愛の話やセクシュアリティの話、国籍やその他、エスニシティに関する語り、政治的・社会的問題への人権や公平性に基づく積極的な意見の表明などをアイドルが行うことを、私たちの社会はどういうわけか忌《い》み嫌ってきた。[2]

　このような、研究者の偏ったジェンダーバランスの背景には、文化産業と文化生産をめぐるジェンダー不平等な体制に原因があったと考えられる。女性の評論家や研究者というものの数自体が極めて少ない上に、雑誌やテレビなどのメディア媒体に登場する機会も著しく少なかったからである。

　こうした中で、女性評論家や研究者たちに「語らせていただける」機会があったとするなら、それは旧ジャニーズ事務所に所属している男性アイドルに言及するときにほぼ限定されていた。だが、私はジャニーズのメンバーの熱烈なファンであることはなかった。そうなると、「男性アイドル」なるものについて論じる機会は、ほぼめぐってこない。「男性アイドル」なるものに近接し、研究者の立場で語ることから疎外されていたため、若い時分にはアイドル的人気を誇る男性のスポーツ選手などについて語ることで、疑似的な「アイドル研究」を行うしかなかった。

　この背景に潜んでいたのはもう一つ、強固な異性愛主義の存在である。ジャッジされる対象として女性の方がより餌食《えじき》にされやすかったという時代的制約のもと、研究や評論、メディアの世界において、女性アイドルを愛でるのは男性ファンであるに違いない、という極めて異性愛主義的な愛の構造が、語りの前提とされていた。とはいえ、こうしたことは、なにもアイドル論に限った話ではなく、メディア文化にかかわるありとあらゆる研究が、つい最近まで異性愛主義を自明視し、「まなざす男性」と「まなざされる女性」の対によって構成されていたのである。

こうした状況にくさびがうちこまれるようになったのは、二〇一〇年代に入ってからである。むろん、消費対象や社会的現象としては、すでに二〇〇〇年代初頭くらいから、女性たちが様々なジャンルの男性のアイドル（時にそれは、「〇〇王子」というような呼ばれ方をすることもあった）を愛で、追いかけ、応援する、ということは広がり続けてきたわけなのだが、女性たちが愛する対象について語り、批評し、研究してもよい、ということが大手を振って歓迎されるようになったのは、案外、最近のことなのだ。

その理由の一つとして、私たちの発言場所が、男性中心に運営されてきたマスメディアの世界だけでなく、ネットメディアの言論空間にも広がった点を指摘しておくことは重要だ。古くはブログ文化、今日ではX（旧Twitter）やYouTubeなどさまざまなSNSのプラットフォームを通じて、評論家や研究者（ないしはその候補生や「日曜研究者」たち）といった多くの女性ファンが、自分自身の推している様々なジャンルのアイドルやそれに類する存在について、オンライン上で自由に語り、批評し、質の高い分析を展開できるようになった。

他方、評論や研究の世界も変わりつつある。「男性アイドル」や「2・5次元」や「女オタク」などの特集を組んできた『ユリイカ』や、二〇二二年に刊行された『アイドルについて葛藤しながら考えてみた――ジェンダー／パーソナリティ／〈推し〉』や『アイドル・スタディーズ――研究のための視点、問い、方法』などの書き手のなかには、多くの女性研究者が含まれている。女性が女性アイドルについて語り、批評し、研究する、もしくは、女性が男性アイドルについて評論し、研究するということは気づけば当たり前のことになっていた。

＊

そんななか、「推し」というまでの存在ではなかったけれども、旧 Twitter や Instagram をフォローしてつねに動向を追いかけ、時には直接見に行くこともあったKという子が引退することになった。Kのことはデビュー当初から知っていた。野暮《やぼ》ったさを残していた初公演時に比べ、着々と美しくなっていくその姿には、日々相当な努力をしているのだろうな、と感じさせるものがあり、応援せざるを得なかった。

Kは一年くらい前から、ときおり不調を訴えていた。夏前にはいくつかの仕事をキャンセルし、ふた月ほど仕事を休んでいると思っていたら、引退の報告が事務所のサイトに掲載された。何か良くない病気でも見つかったのかと心配していたのだが、引退の直接の理由はメンタルの不調であるということだった。事務所からの引退のお知らせが旧 Twitter のトレンドに上がったあと、

Kは自分のアカウントでの投稿でひたすらファンに謝っていた――何一つ悪いことなどしていないのに。

Kのメンタル不調の直接の原因を知ることはできないが、情報伝達とコミュニケーション行為のほぼすべてがSNSでやりとりされるようになったこの時代に、アイドル的なお仕事を続けていくことはなかなかしんどいのではないだろうかと想像してみることはできる。

Kに限ったことではないし、年齢や性別を問わず今日のアイドルは物理空間でのお仕事――対価としての賃金は正当に支払われていると信じたいが確証はもてない――だけでなく、配信やSNSへの投稿などデジタル空間でのお仕事――多くの場合、対価としての賃金が支払われていないと思われる――に専従することを余儀なくされている。

自分自身の商品価値を上げ、自らをブランド化し、ファンをつなぎ止めるための時間外営業としてのSNSコミュニケーションは、いわゆる「非物質的な労働」と呼ばれる形態の労働であり、たいていは無報酬のまま営まれている。(3)

SNSのプラットフォームでアイドルたちは、仕事中の写真やオフの時間帯の自撮り写真、日常の感情や思いなどをこまめに投稿し、空き時間や深夜の時間帯に配信を行い、場合によってはダイレクトメッセージやリプ（ライ）機能を使って直接的にファンとコミュニケーションを行う場合もある。最近では、個人アカウントや所属事務所のアカウント経由での「配信」を行うことが慣行化され、さらには、同業者や共演者との人間関係について仲の良さをアピールしたり、一緒に撮った写真を公開したり、どのような会話を交わしたのかなど、ファンの知りたい情報を開示してくれたりもする。

前章まででも見てきたようにSNSを通じたこれらの行為の多くは、おそらく労働時間外の労働である。しかしそれは、ファンの注目（アテンション）を集め、関心を繋ぎ止め、自分自身の商品価値を上げ、「ブランド化」へとつなげるための大切な労働となっている。今日の「商品化」は、労働からの疎外ではなく永遠に続く「自己開示」のプロセスであると、イギリスのメディア文化研究者であるサラ・バネット＝ワイザーが指摘しているとおり、(4) SNSを活用してどこまでも自己の情報を開示し続け、「ブランド化」を通じて自己の商品価値を高めることが永続的に求められるのである。

しかし、SNSを通じた「商品化」の行為は、同時に攻撃や批判、悪感情も呼び込むことになる。エゴサをすれば、自分の外見や発言やふるまいに関して好意的とは言い難いコメントが飛び込んでくることだろう。むろん、飛び込んでくるのは悪感情だけではなく、その何十倍、何百倍もの誉《ほ》め言葉や愛情を示すファンたちの優しい投稿に出会えているはずである。

けれども、そうした優しい言葉が感情の表面を優しく撫でて消えていってしまうのに対して、悪感情をまとった言葉は柔らかな心の内側に切り込み、突き刺さる。いまや女性アイドルに向けられるだけでなく、男性アイドルにも迫る、容姿を評価する数々の不躾な言葉たち。

デビュー当時は普通の体形だったKが体重をそぎ落とし、肌の手入れに余念がなくなり、自撮りスキルを向上させ、仕事のたびに細やかに心情を開示してくれるのを、私は一抹の不安の混じった幸福感とともに見守ってきた。

「自分たちの感覚からして、決して安くはないチケットを購入して会いに来てくださるファンのみなさんにとても感謝しています」

何年か前に、Kはそんな言葉も投稿していた。私自身は、Kが所属している界隈のチケットのことを、同じ舞台系エンターテインメントの歌舞伎や宝塚のチケットなどに比べて「高くはないチケット」であると考えていたため、Kのその言葉には、彼ら彼女らの日常的な稼ぎの少なさが想起させられて、とても申し訳ない気分になったことを思い出す。他にも、キャリアの長いNという子は、週に一度、自炊して食事のストックを作っていると写真付きで投稿していた。

華やかなエンターテインメントの舞台に立ちながら、先の仕事の展望が見えない、不安定な労働に従事する彼ら彼女たちの大半は、とても慎《つつ》ましやかな生活を送っているのである。カルチュラル・スタディーズを代表する研究者であるアンジェラ・マクロビーは、『クリエイティブであれ』の中で、クリエイティブ産業に従事する若い女性たちが、不安定であるにもかかわらず魅力的でファッショナブルであると感じられるファッション関連や文化産業に関する仕事に情熱を傾ける様子を、「やりがいある仕事」という概念を用いて説明している。マクロビーの議論の中では、ジェンダー不平等な社会関係が改善されていないにもかかわらず若い女性たちがフェミニズムの思想と運動を顧みることなく、悪条件の労働市場に取り込まれていくポストフェミニズムの保守性が批判されている。日本のアイドル産業における負の側面に関しても、この概念は示唆を与えてくれるのではないだろうか。アイドルを消費する文化実践の一部には、若い人々の容姿や才能や労働の搾取が織り込まれ、彼ら彼女らの労働環境が不安定であるにもかかわらず、若い人々にとってアイドルやそれに類するお仕事は魅力的で情熱を傾けるに値する「やりがいある仕事」のままであり、彼ら彼女らは日々、ファンを「幸せにする」ために働き続けているのである。

彼ら彼女らは私たちをこんなにも幸せにしてくれているのに、それに見合うだけの金銭的対価を得ているわけではなさそうだ、という想定がつねに心の片隅に影を落とす。むろん、ファンの子たちだって、生活を切り詰め、身銭を切ってチケットを買い、グッズを購入し、高価なプレゼントを貢いだりもしている。それでも、(コロナ禍以降は禁止する会場も出てきているが)プレゼントボックスに投げ込まれるハイブランドの贈り物と、配信している背景に写り込む部屋の雰囲気などから垣間見える彼ら彼女らの日常生活とのちぐはぐさに背筋がぞわっとするような感覚を抱いてしまうこともある。けれども、応援することは止められない。

労働三法や、労働組合というものがあることを、KやNは知っているのだろうか? 男女の賃金格差がOECD諸国の中でも極めて大きなこの国で、男の子のアイドルでさえ生活の維持が困難なほど低賃金で働かされているとするならば、女の子のアイドル達はどれほどの搾取構造の中で仕事をさせられているのだろうか? 冒頭で紹介したBMSGのように、彼ら彼女らが所属する事務所は、労働のこと、ジェンダー不平等のこと、SNSの怖さやさまざまな社会問題のことなどをきちんと教育してくれているのだろうか？

ＳＮＳを駆使して自らの言葉でファンに語り掛けることができる時代になったというのに、アイドルたちは自らの労働の条件について、賃金について、ほとんど語ることはない。きらびやかな夢の世界の持続可能性を保証してくれるのは、いつだって現実的なエコノミーの問題だ。私たちの注ぎ込んだお金は、どのように使われているのだろうか。所属している彼ら彼女らに、正当な賃金は支払われているのだろうか？　絶えることのない自己開示とブランド化が押し寄せるＳＮＳ時代に、彼ら彼女らのメンタルのケアは、きちんとなされているのだろうか？

ファンとアイドルの最適な関係を目指すために、私たちが考え、問いかけるべきことは、まだたくさん残されている。

注

（1）YouTubeで配信された【MISSION×2】Ep.11/Final Training Campにて講習の一部が公開されている。

（2）近年、少しずつ風向きは変わりつつある。例えば、ＡＡＡの與真司郎氏は、二〇二三年に自身のコンサートの中で、自らがゲイであるとカミングアウトした。（「ＡＡＡのSHINJIROさん、ゲイと公表「堂々と幸せになる道を」」『朝日新聞デジタル』二〇二三年七月二六日 https://www.asahi.com/articles/

ASR7V6RQKR7VUTFL008.html（最終アクセス二〇二四年六月一五日）など）

（3） アントニオ・ネグリとマイケル・ハート（『帝国』二〇〇三年）によると、非物質的労働は、経済的生産の中心に「サーヴィスの提供および情報の操作」（三六三頁）があり、「人間の接触や相互作用がもたらす情動にかかわる労働」（三七七頁）と考えられている。本書第3章も参照のこと。

（4） Banet-Weiser, S. *Authentic*™. より。

参考文献

ネグリ、アントニオ＋ハート、マイケル『〈帝国〉――グローバル化の世界秩序とマルチチュードの可能性』水嶋一憲・酒井隆史・浜邦彦・吉田俊実訳、以文社、二〇〇三年

Banet-Weiser, S. *Authentic*™*: The Politics of Ambivalence in a Brand Culture*, New York University Press, 2012.

マクロビー、アンジェラ『クリエイティブであれ――新しい文化産業とジェンダー』田中東子監訳、中條千晴・竹﨑一真・中村香住訳、花伝社、二〇二三年

第5章

多様化する男性アイドル
——若手俳優・ボーイズグループ・王子たち

二〇一〇年代の2・5次元ミュージカルの現場から

女性たちがいろとりどりのペンライトを振っている。なかには、カラフルな装飾文字を貼り付けたメッセージボードやうちわを掲げている女性もいる。ステージ上の「推し」の一挙手一投足を見逃さないよう、彼女たちはみな一心にステージをみつめ、それぞれのパフォーマンスに応じてため息を漏らし、嬌声《きょうせい》を挙げて応援している。

男性アイドルのコンサート会場のようにも見えるその客席の風景は、実はアイドルのコンサートではなく、「男性アイドルのコンサートを模した舞台」や「王子様っぽいキャラクターが歌ったり踊ったり芝居をしたりする舞台」の一幕である。これらは、「2・5次元ミュージカル」として知られるようになった舞台形式のエンターテインメントであり、舞台上でパフォーマンスを繰り広げているのも、旧ジャニーズ事務所に所属していたタレントのような、いわゆる「男性アイドル」ではなく、派手な色のウィッグをかぶり、カラーコンタクトをつけ、マンガやアニメ、ゲームの画面などに登場するキャラクターに扮装《ふんそう》した男性俳優たちだ。

ペンライトやうちわを使った応援というのは、旧ジャニーズ事務所の男性アイドルとそのファンたちが長年かけて作り上げてきた伝統的な応援のスタイルである。従来、このようなスタイルは、客席で身じろぎもせず静かに舞台をみつめる観劇とは馴染まないものである。しかし、2・5次元ミュージカルにおいても、演目によっては観客がペンライトを振り、うちわに記載されたメッセージを通じてコミュニケーションしようと試みるアイドルのコンサートさながらの鑑賞方法が許されるようになりつつある（「ミュージカル『テニスの王子様』」――通称「テニミュ」――の楽曲部分だけを集めて披露するコンサート形式のDream Liveでは、初期の頃から声出しなどの可能な参加型の応援スタイルの一部が採用されていたが、それは極めて例外的なものだった）。

さて、劇場に視線を戻そう――本篇のステージが終わると、女性たちはペンライトやうちわをしまう。代わりにコンパクトや口紅、小さな鏡を取り出してメイクのお直しをする。しばし待たされた後に、係員に指示され彼女たちが劇場から出ると、そこには、つい先ほどまで舞台上で歌い踊り芝居をしていた男性俳優たちが、それぞれのキャラクターに扮したまま並んで待っている。

時には、握手会のためのブースが設置されていることもある。こちらは「お見送り」や「握手会」などと呼ばれる舞台後の特別イベントである。観客たちは、様々な設定のキャラクターに扮装した彼らとハイタッチや握手を通じて触れ合うことが出来る。二、三秒程度なら声を掛けられる場合さえある。こうした演者とファンが至近距離で対面できる公演後のミニイベントは、いわゆる「アイドル」とファンとの交流のための様式とも類似している。

二〇〇五年に秋葉原を拠点に活動を開始したＡＫＢ48は、「会いに行けるアイドル」をコンセプトに、ファンとの距離の近さを売りに人気を獲得していった。このコンセプトは、それまでテレビ番組や大きなコンサートホールやドームでの公演を通じて遠くからアイドルを応援するしかなかったファン活動に対して、握手会や写真撮影会などで直接対面し、ファンとアイドルとが近距離でコミュニケーションを取ることを可能にした。

ファンとアイドルとが近距離で交流できる営業方法は「接触」と呼ばれる。接触系の交流イベントは、大手事務所に所属する旧ジャニーズの男性アイドルの応援には存在しなかった。しかし、今日では、旧ジャニーズ以外の若い男性グループ（後述する「ダンス＆ボーカルグループ」と呼ばれる男性アイドルの新勢力）や「アイドル的な活動をする男性（たち）」の活動において、これら近接性を誘発する営業方法が積極的に用いられている。

「アイドル」として語られる若手俳優

エンターテインメント業界では、直接現場に足を運ばせ、「参加」や「体験」を通してファンやサポーターを獲得していくコンテンツがコロナ禍による様々な制約を乗り越え、現在でも花盛りだ。長年にわたって女性たちの支持を集めているのが「テニミュ」や「刀ミュ」(「ミュージカル『刀剣乱舞』」)に代表される「2・5次元ミュージカル(舞台)」であり、演者である若手俳優たちのなかにはアイドルさながらの熱烈な女性ファンが付き、熱心な応援を受けている者もいる。こうした応援は、近年「推し活」と呼ばれるようになった。

2・5次元ミュージカルの現場では、先述した女性アイドルグループの営業と似た「接触」系の手法が比較的早い時期から採用され、最近ではそこに旧ジャニーズ事務所のファンが行ってきたうちわやペンライトを振るという伝統的な応援様式が融合し、新しい応援活動の形式が編制されている。こうしたことから、若手俳優についてアイドルを扱うのと同じような語句や枠組みで語るファンも増えてきた。

しかし、これらの人気若手俳優たちを、「男性アイドル」と同じ枠組みで語ってしまうことには躊躇《ためら》いもある。というのも、二〇〇〇年代から今日まで男性アイドルといえば、ほぼジャニーズ一択であったからだ。もし若手俳優たちを「男性アイドル」のくくりで語るなら、これまでジャニーズのアイドルグループのみが独占してきた「男性アイドル」というカテゴリーの外延を拡張しなくてはならない。

そこで、本章では、２・５次元ミュージカルやダンス＆ボーカルグループの男の子たちを中心に、二〇一〇年代に台頭した非ジャニーズ系新興男性グループの活動も射程に収めた上で、新興勢力としての男性グループの活動様式と女性ファンとの関係を通じた男性アイドルの多様化について総括してみたい。ところで、若手俳優とはどのような存在なのだろうか。

若手俳優たちの活動については、さまざまな媒体に掲載されているインタビュー記事で知ることができる。「２・５次元」を特集した『ユリイカ』二〇一五年四月臨時増刊号にも、演出家へのインタビュー、研究者や作家による批評に加えて、若手俳優へのインタビュー記事が掲載されている。いま読み返してみると、若手俳優のアーティスト的な側面をクローズアップするために、聞き手である編集部は注意深く質問を選んでいたように感じられる。

当時（もしかすると、いまだに）キワモノとして見られることの多かった／多い「２・５次元」を正しく批評の俎上に挙げるため、そして２・５次元に関わる事象の格上げを図るために、若手俳優たちの「プロフェッショナルさ」や「真剣さ」をまじめに提示することが重要であると、編集部が考えていたことがその理由であると考えられる。

しかし、アーティスティックな側面は、あくまでも若手俳優たちのもつ要素のうちの一部分に過ぎない（こうした主張は、決して若手俳優たちを揶揄《やゆ》し、格下げを図ろうとするものではない）。というのも、現在の若手俳優の多くは舞台に立つ俳優であると同時に、舞台以外の場所においてアイドル的な営業――旧ジャニーズ事務所の男性アイドルの活動のようなものだけではなく、女性（地下）アイドルの営業――をも模した手法でファンを獲得することが多く、ファンで居続けさせるための技術を日々、磨いているからである。(1)

例えば、多くの若手俳優が有料のファンイベントを開催している。一緒にバス旅行に出かけ宿泊するといった大掛かりなものから、聖誕祭と呼ばれるバースデーイベント、写真集やカレンダーの刊行やサイン会の開催、特に何かの記念日ではないけれどもファンの忠誠心と結束力を高めるために催されるトークイベントや握手会など、必ずしも大手芸能事務所に所属しているとは限らない若手俳優の個人イベントには手作り感あふれるものなどもあり、参加したファンの満足度を高めるために、彼ら自身のコミュニケーションの技能や人間力（の中身がなんであるのかはともかく、ファンから評価されるタイプの「印象の良さ」）が発揮される。それらに加えて、昨今ではオンライン配信の技術を利用した突発的なトークの配信を有料もしくはファンクラブ限定で行うこともある。

ここには、昨今の「近さ」を売りに活動している女性アイドルたちとの類似性が見られる。若手俳優たちも、女性アイドルたち同様、外見的な優位性があることを最低条件としたうえで、どのようなファンが来ようとも対応を変えることなく笑顔で迎え入れ、内面（とファンに思わせる

「何か」）のすばらしさを自己開示し続けていかなければならない。

2・5次元舞台の俳優たちは従来のジャニーズ系男性アイドルについて語るときに用いられてきた「アイドル＝未成熟」という図式に嵌《は》められてしまいがちである。例えば、「テニミュ」に初出演する俳優とファンとの関係については、こんな風に描写される。

多くの俳優が、初舞台、あるいはデビューとなるテニミュだけに、それぞれのキャストに思い入れを持つ観客も少なくありません。（中略）新人だった役者が役とともに成長する、その瞬間を目のあたりにすることができることも楽しみであり、ともすれば、ただひとりだけを追いかけ、自身が愛する俳優の成長譚として観続ける観客もいることでしょう。（おーちようこ『2・5次元舞台へようこそ』三九頁）

このようなファンとの関係の作り方は、「テニミュ」に関しては適切であると言えるだろう。しかし、もはやジャンルの形成から二〇年以上を経た現在、これらの舞台に出演する若手俳優の多くは決して未成熟な存在のままではない。さらに言えば、「若手俳優」としてカテゴライズされ続けているものの、2・5次元ミュージカルの初期に活動を開始した俳優たちはもはや若手ではない。四〇歳を超えてなお、2・5次元舞台の第一線で活躍する者もいる。そんな彼らは単に「顔が良い」だけではなく、さらにその内面的なすばらしさや細やかなコミュニケーション技術などをファンに示すための複雑な感情労働に従事し、ファンが望むような存在として自己をプレゼンし続けなければ生き残ることはできない。

アイドルは未熟な存在であり、ファンはその成長過程を楽しみながら応援していく、というのが日本のアイドル分析で言われ続けてきた。(2) 特に、女性アイドルについて語るときに、「アイドル」と「未熟さ」という二つの辞項間の等価関係は、今日でもゆるぎないものとして維持され続けている。だからこそ、未熟であることの象徴である「若さ」という賞味期限が切れ、一定年齢を過ぎた女性アイドルの「卒業」を、ファンは嘆き悲しみながらも、決して食い止めようとはしない。

しかし、男性アイドルについては、現在まったく異なる現象が生まれつつある。女性アイドル同様かつては未熟さの象徴であったはずの男性アイドルたちであるが、急激に高年齢化が進み、およそ未熟でもなければ若くもないかなりの年齢に達するまで、卒業も解散もしなくなった。(3) ファンたちも、三〇代、四〇代に突入した男性アイドルたちのある種の成熟や加齢にはあえて目を瞑《つむ》って、彼らが表舞台から身を引くまでの長い年月、応援し続けるようになった。若手俳優たちも、こうした潮流のさなかでどうにかサバイブしているのだ。つまり、今日の「男性アイドル」は、「未熟さ」とのみ等価関係にあるのではなく、むしろ「技能」や「アーティスト性」と等価関係におかれるべきであり、しかもその技能は熟練の技と言うべきレベルに達している。

「アーティスト性」と「アイドル性」は対立しない？

若手俳優のアイドル性やアイドル的営業についてさらに考察を進めるために、二〇一八年に再ブレイクを果たしたDA PUMPの華麗なる復活劇について見ていくことにする。

筆者がDA PUMPにハマったのは、七人編成のDA PUMP（通称7DP。それに対して、デビュー時のメンバー四人時代は4DPと呼ばれる。二〇二一年にメンバーの一人が引退して、現在は六人編成である）が再起をかけリリースした「New Position」の発売直後の二〇一四年一二月のことだった。「U.S.A.」リリース後の彼らの軌跡を知る今となっては、その時期にハマった自分の先見の明を褒めたたえることが出来《でき》るが、当時は、「DA PUMPにハマっちゃったんだけど……」と友人に話すたびに、「はあ？　なんでいまさらDA PUMP？　ていうか、まだ解散してなかったんだ（笑）」などと半笑いで言われるくらい、世間からは「オワコン」として見られている状況であった。

テレビに出演するどころか単独ライブもままならない彼らは、二〇一五年から一六年にかけて、多くの若手ダンス&ボーカルグループと一緒に「FabFes.」などのダンス系ライブイベントに出演していた。男の子だけで組まれた日本のダンス&ボーカルグループは、地上波のテレビに出演するチャンスをほとんど与えられていなかったため、劇場やショッピングモール前広場などでライブをやり、地道に活動するしかなかったのである。その背景には、テレビ局による旧ジャニーズ事務所への「忖度」があるのではないか、と囁《ささや》かれていた。(4)

キャリア的には別格であるため7DPは必ずトリで出演していたが、他の若手グループと比べたときにファンの数は少なかった。当時の7DPは、懸命にアーティスティックな格好良さを追求していた。ボーカルISSAの歌唱力と、数多くの世界大会に出場しているダンサー六人の実力を世に示すため、スキルフルで格好良いコリオを作ろうと躍起になっているように見えた。K-POPのブームはあったものの、日本におけるダンスブームはまだ夜明け前であった。ダンス素人の筆者にもその圧倒的な実力が瞬時に理解できるほど、当時、7DPのダンススキルはずば抜けていた。それだけに、どうして世間は彼らの実力に気づいてくれないのだろう……と歯がゆい思いをしていたものだった。

ところが、二〇一八年六月に「U.S.A.」をリリースすると、7DPは瞬く間に世間の注目を集め、その後は音楽番組の常連に返り咲き、次々とシングルを発売し、全国ツアーにも出られるようになった。4DP時代にはジャニーズ事務所の圧力で絶対に出演させてもらうことのないと噂されていたミュージックステーションにさえ、出演するようになったのである。

「U.S.A.」の前と後で、彼らのパフォーマンスの質はまったく変わっていない。ダンサーとしての彼らは変わらず卓越したパフォーマンスを見せ、「アーティスト」として活動していた。しかし、不遇時代の彼らは、非ジャニーズ系の男性アイドルグループや女性アイドルたちが行うような握手会やショッピングモールでの無料リリースイベントや撮影会といった接触系イベントを積極的に取り入れていたし、出演する会場の小ささからもファンとの距離は非常に近かった。

そんなわけで、アーティスト路線を目指しつつも、活動の内実は非ジャニーズ系男性アイドルや女性アイドルの営業に酷似している——という境界線上にいたDA PUMPを再発見できたのが、女性アイドルファンの「ハロヲタ（ハロプロの女性アイドルを応援しているファン）」たちであったのは、偶然ではなく必然のことだったのかもしれない。

ハロヲタたちは「U.S.A.」のCDジャケットやMVを視聴し、その「とんちき」な歌詞や、技巧に優れているにもかかわらずダサくも見えるダンス、あまりお金をかけて制作していないけれども工夫を凝らしていることがうかがえるCDやMVのクオリティに、ハロプロ的な——ということはつまりアイドル的な——要素を読み込み、熱狂した。彼ら彼女たちハロヲタは、メンバーをキャラ付けし、リリースイベントに参加して曲の合間にコールを入れる、などの女性アイドルファンの応援様式を転用して、再びメディアの目がDA PUMPに向くのをあと押しした。

しかし思い起こしてみれば、デビュー当時の4DPこそ、旧ジャニーズ事務所に脅威を与え、テレビ出演をさせないなどの圧力をかけさせたと今日までまことしやかに語られるほどに、圧倒的なアイドル力と実力とを兼ね備えた男性グループなのだった。

実力派の「アイドル」という新機軸

怪我の功名とでも言うべきか、テレビに出演するチャンスが与えられずアンダーグラウンドなイベントで活動していた低迷期のDA PUMPを追う筆者は、テレビ出演する機会こそないものの、アーティストとアイドルの中間領域で活動している男性グループがたくさん出現していること、またそれらグループを熱烈に追うファンがいることを知った。

当時、DA PUMPの出演するイベントには、超特急やDISH//、BOYS AND MEN（ボイメン）や祭nine.、Da-iCEなどの今日では良く知られるようになった男性アイドルらしさが垣間見えるダンス&ボーカルグループや、武者修行中のTHE RAMPAGEやBeat Buddy Boiなど本格的なストリートダンスを取り入れたグループが出演していた。テレビ出演の機会が多いジャニーズ系アイドルグループよりもはるかにレベルの高いパフォーマンスを示しながら、こうしたグループのうちのいくつかは、かつてのインディーズのロックバンドのようなアンダーグラウンドでのライブや、女性アイドル的な接触イベント中心の営業を地道に行っていた。

初期4DPと同様、おそらくさまざまな事情からなかなか地上波のテレビ番組に出演することの適わないEBiDANやボイメンら若手男性グループと、2・5次元舞台に出演している若手俳優を同時に観察しているうちに、彼らはみな、ジャニーズとは異なる手法を用いて活動している「アイドル」として位置付けることができるのではないかと筆者は考えるようになった。

彼らをなぜ「アイドル」であると考えたかといえば、応援するファンのスタイルが、アイドルのファンの熱狂と同類のものであると感じられたからである。とりわけ、EBiDAN系の男子グループのファンの女性たちは、歌の合間にコールを入れ、複数持ちしたペンライトをテンポ良く回しながら激しい応援のパフォーマンスを行っていて、女性アイドルを応援する男性ヲタクとよく似た動きでライブを盛り上げていた。

EBiDAN系のとあるグループのライブでの女性ファンたちの応援スタイルを初めて見たときの衝撃は今でも忘れられない。彼女たちは、舞台上のパフォーマンスに集中するというよりも、ミックスと呼ばれるヲタ芸や曲の合間に入れるコールを叫ぶことに全力投球しているように見えたからだ。客席での女性ファンたちの熱狂は、パフォーマンスを見せる男性たちのそれを超えており、「見せられる者」の受動性と「見せる者」の能動性という両者の関係を転覆しているようにも感じられた。

二〇一五年頃には完全にアンダーグラウンドな存在であったこれらの男性グループについての研究は、まだそれほど多く行われていない。筆者は以前、2・5次元舞台で活躍している若手俳優とジャニーズ以外のこれら男性グループについて、「非ジャニーズ系アイドル」としてまとめて論じたことがあり、本書の第7章に再掲載している。

また、この領域に注目する増山賢治は(5)、ジャニーズ事務所以外の事務所によってプロデュースされている超特急やDISH//などEBiDAN系のグループや、ボイメンなどに代表される男性ダンス&ボーカルユニットの男子グループを「実力派ボーイズアイドルグループ」として評価し、二一世紀の日本の男性アイドル領域とJ-POPにおけるアイドル戦線の変化を論じている。さらに、男性アイドルグループを「従来型（旧勢力）」と「新型（新興勢力）」とに分類し、2・5次元系の若手俳優やLDHグループなど、幅広い男性グループ（ないしはソロのタレント）と連関付けながら、この新しい文化的潮流を考察している。ここで増山が「新型（新興勢力）」と分類した実力派男性アイドルグループの活動方針とファンの応援様式は、実は冒頭で述べた2・5次元舞台に出演する若手男性俳優の活動スタイルと非常によく似ている。二〇一〇年代半ば頃までの両者の共通点をまとめると、以下の通りになるだろう。

第一に、彼らはテレビ番組での露出の機会が非常に少ないものの、劇場やホール、ショッピングモールなど「現場」と呼ばれる場所で頻繁に営業を行い、独自のルートでファンを獲得している。

第二に、SNSでの発信を制限されてきたジャニーズ系の男性アイドルグループとは異なり、新型のアイドルグループは個人名やグループ名でのSNSのアカウントを取得し、自分たち自身で、もしくはスタッフの手によって頻繁に情報発信を行い、ファンと直接に交流を図っている。ジャニーズ系アイドルが開拓してこなかったインターネットや至近距離のライブ・パフォーマンスを通じて、非ジャニーズ系アイドルたちは着々とその足場を固めてきた。

第三に、現在では女性アイドルの多くが用いるようになった「接触」と呼ばれる活動を積極的に用いている。ライブやコンサートだけでなく「握手会」や「チェキ会」といった交流イベントを通じて、より距離の近い関係をファンとの間に築くことで、テレビ番組を媒介としない新しいファンとの関係性を形成しつつある。

このような活動スタイルは、バラエティや音楽番組やドラマの制作と放映をほぼ一手に引き受けてきたテレビ局が旧ジャニーズ事務所と手を組むことで、エンターテインメント分野のコンテンツに出演し、キャスティングされる男性アイドルが旧ジャニーズ事務所に所属するタレントに限られていた時代にくさびを打ち込むことになった。その背景には、二〇一〇年代のコンテンツ生産とポピュラー文化の流通が、テレビの独占状態からインターネットのプラットフォームや国外のインターネット配信のコンテンツにまで開放されたことが重要な契機として横たわっている。テレビによって排他的に押し出されてきた「男性アイドル」は、競合者が排除されることで旧ジャニーズ事務所によって独占されてきたが、インターネット時代に登場した男性アイドルとそのファンたちが織り成す文化の別のスタイルが、男性アイドルの存在様式と応援スタイルそのものに多様性をもたらしていると考えられる。

こうした新興勢力の台頭を受けて、その後、二〇一八年頃から旧ジャニーズ事務所もＳＮＳでの発信を行うようになっていった。

「〇〇王子」は「アイドル」を製造するパワーワード

DA PUMPの再ブレイクの例は、プロフェッショナルな男性を、アイドルとしてまなざし、発見していくプロセスを示すものである。こうしたアイドル生成のプロセスは、しかし、いまに始まったことではなく、これまでにも女性ファンの多くが頻繁に行ってきたことである。

「アイドル」が先にいて、そのファンが生み出されるというアイドル実存主義的な思考から脱却してみよう。特に日本においては、ジャニーズ系アイドルという歴然としたアイドルが長年、現前し続けてきたため、アイドル実存主義から離脱して「アイドル」について思考することは困難であるように思える。しかし、若手俳優や、非ジャニーズ系アイドルについて考えるときに、アイドルを実存的に想定する思考だけでは見えてこないものもある。

アイドル実存主義からの脱却とは、女性ファンの欲望がすべてに先現し、そののちにアイドル的ふるまいを行う主体が構築されるという思考法だ。ここで示した「女性ファンの欲望」の在り方は、長く日本の男性アイドル界を牽引してきたジャニーズ系男性アイドルを応援する身振りの中から醸成されてきたものであり、その貢献は否定できないだろう。

しかし、かわいい／格好いい／きれいな／イケメンの男の子を消費したいという女性たちの欲望は、ジャニーズ系アイドルのファンのみに与えられた特権ではない。ましてや、日本社会独特のものでもない。このような欲望は、現代的な消費文化が誕生したその時から、もしくはもっとずっと前の時代においてもつねに生じ続けてきたものである。

俳優やアーティスト、ロックバンドやスポーツ選手など、長い年月をかけて女性たちは男性を欲望の対象とみなし続けてきた。ビートルズやアラン・ドロン、プレスリーやディカプリオを発見したのは誰であったのか。女性たちは長い間、映画や音楽、スポーツや伝統芸能まであらゆる「見る／見られる」関係のなかで、主体的な「見る」位置を占めてきた。にもかかわらず、女性たちのそうした位置は、これまでずっと「ミーハーである」といった言葉で処理され、価値のない行為として分析から遠ざけられ、隅に追いやられていたのである。

ここで思い出すのは、男性スポーツ選手などにしばしば適用される、「○○王子」という呼称である。○○には、「ハンカチ」やら「ハニカミ」やら「編み物」やら、ありとあらゆる単語を挿入することが可能だ。「筋肉王子」や「中年王子」など、キラキラ感のあふれる「王子」というワードからは到底連想できないような対立的関係にある語句と結びつけることだってできる。野球界であろうが、ゴルフ界であろうが、手芸界であろうが、オヤジ界であろうが、「王子」という言葉は、現代社会のありとあらゆる領域に存在する男性を「アイドル化」し、欲望の対象に位置づけてしまえる最強の力をもったワードであることに間違いはない。

とするなら、2・5次元ミュージカルを世に広めた立役者とも言える作品のタイトルが『テニスの王子様』であったということもまた、女性たちによるあらゆる領域にアイドルを見出そうとする欲望に対して、まさに正鵠《せいこう》を射た名付けであったのかもしれない。

そもそも、女性ファンがジャニーズ系の男性アイドルへと向けていた欲望については、家父長制的なイデオロギーが支配し、政治や経済といった公共性の高い領域でジェンダー不平等の残るこの日本社会において、社会的に恵まれない不利な立場に立たされ続けてきた女性たちが、自分たちに決して脅威を与えることのない、かわいらしくて、小さくて、未熟な男性を愛でることで、自分たちが脅かされることなく男性を応援するというポジションを享受し続けるという効能があったと考えられる（脅威を感じさせない存在を愛でるという点においては、未熟で愛くるしい女性アイドルを好む男性ファンについても、同様の指摘が可能だろう）。

しかし、実力派の男性アイドルや、感情労働の点において熟練の技を見せる若手俳優たちまでをも「アイドル」を愛でるかのように愛することのできる現代の女性ファンたちの存在は、二一世紀に入ってからの彼女たちの社会的な立ち位置のいくばくかの上昇を暗黙裡に示しているようにも感じられる。女性たちの欲望の矛先はいまや、「実力はあるけれども未熟なふりもしてくれる男性を愛でる」ものへと向かいつつある。

もはや女性ファンたちは、「裕福でなくともパトロンになる覚悟さえあるほどの、もしかするとこの一〇〇年存在しなかった観客たち」（西田シャトナー「コロスの響くロードレース」五三頁）として、「応援しているコンテンツや俳優、いわゆる「推し」のためには積極的に対価を払」（おーち『2・5次元舞台へようこそ』一五五頁）うことのできる存在として、「商品化された男性性」の有力かつ強力な消費者として生きている。

こうした消費主体としての女性ファンについては、そうはいっても、単にアイドル産業に搾取されているのではないか？　という批判もある一方で、男性ファンが女性アイドルを性的に搾取することの単なる反転にすぎないのではないか、という懐疑的な指摘もある。前者は、女性たちを非常に弱い立場――すなわち消費社会の単なる犠牲者として位置づけるものである。後者は、アイドルを愛でる女性たちは、男性と女性の支配関係をただ単に転覆しただけであり、両性間の権力構造は温存している、と捉えるものである。

これらの指摘は、ある程度までは正しいのかもしれない。けれども、どちらの指摘も風呂の湯と一緒に赤子《あかご》を流してしまうようなものである。

一見、アイドルを応援することで金銭や時間など様々な所有物を搾取されているかのようにも見える女性ファンの得ている対価は確実にあるし、男性アイドルと女性ファンの関係性のなかには、性的搾取以外の多くのものがある。とするならば、男性アイドルと女性ファンの研究は、ひるがえって女性アイドルと男性ファンの関係性を単なる「性的な搾取」のみに還元してしまわない、別の可能性を見出していくことにも貢献できるのではないだろうか。

男性アイドルの女性ファンを論じることが、ひるがえって女性アイドルの男性ファンを論じてきた視点を再考させ、もしくは異性愛主義によって構成された関係を超えたあらゆる関係性を批評することへと開かれていくような、そんな時代の入り口に私たちはもう立っている。

注

（1）女性の地下アイドルの研究については、竹田恵子「Chapter 07 ライブアイドル、共同体、ファン文化――アイドルの労働とファン・コミュニティ」田中東子・山本敦久・安藤丈将編『出来事から学ぶカルチュラル・スタディーズ』（ナカニシヤ書店、二〇一七年）がある。

（2）「未熟さ」を軸に展開された日本の音楽文化の研究としては、周東美材『「未熟さ」の系譜――宝塚からジャニーズまで』（新潮選書、二〇二二年）がある。

（3）旧ジャニーズ事務所とその後、マネージメントの権限を委譲されたSTARTO ENTERTAINMENT社には現在でもグループエージェント契約という形で一九七〇年代生まれのメンバーからなるTOKIOや一九八〇年代生まれのメンバーによって構成された嵐が所属している。

（4）ジャニー喜多川の性加害問題を受けて開かれた旧ジャニーズ事務所による二〇二三年九月七日の記者会見では、松谷創一郎氏がこれまでのテレビ番組（特にテレビ朝日の「ミュージックステーション」）において、他所属事務所の男性グループを出演させないなどの「忖度」を旧ジャニーズ事務所が行ってきたのではないか、という点について、具体的な例をいくつか挙げながら問いかけた。松谷氏の「今後、忖度は必要ないと明言してください」という質問の締めの言葉に対して、記者会見で主にマイクを握っていた東山紀之氏は、「（忖度は）必要ないと思っています」と返したことで注目を集めた。これは、旧ジャニーズ事務所が、自分たちの所属グループのアイドル以外をテレビ番組から排除していた可能性を直接的に示唆する最初の機会となった。とはいえ、それ以外にもテレビ局によるジャニーズ事務所の所属タレントへの忖度があったということは、その後、二〇二三年度中に在京各局が行った社員へのヒアリングにおいても、その強弱は違えど、たびたび言及されている（例えば、日本テレビの社内検証を報じたニュースの中では「いわゆるイケメンの男性タレントを（ジャニーズの）子たちと一緒に出演させてはいけなかった」といった証言が紹介された）。また長年、テレビ東京でプロデューサーとして働き、現在は桜美林大学教授の田淵俊彦氏は、『混沌の時代の新・テレビ論――ここまで明かすか！　テレビ業界の真実』（ポプラ新書、二〇二四年）の中で、自らの体験をおりまぜながら、テレビ局によるジャニーズ事務所への忖度について記している。

（5）　増山賢治「J-Popのイノベーターとしての「非アイドル」グループに関する一考察」、「21世紀初頭前後以降のJ-Popにおける実力派アイドルボーイズグループの系譜」を参照のこと。

参考文献

おーちようこ『2・5次元舞台へようこそ――ミュージカル『テニスの王子様』から『刀剣乱舞』へ』星海社新書、二〇一七年

田中東子「ポスト近代におけるスポーツ観戦とまなざし――第三波フェミニズムの視角から考察する」橋本純一編『スポーツ観戦学――熱狂のステージの構造と意味』世界思想社、二〇一〇年、二〇八―二二九頁

西田シャトナー「コロスの響くロードレース――舞台『弱虫ペダル』に吹く風」『ユリイカ』第四七巻第五号、二〇一五年、四八―五七頁

増山賢治「J-Popのイノベーターとしての「非アイドル」グループに関する一考察――DISH//、超特急、BOYS AND MENを中心に」『愛知県立芸術大学紀要』第四六号、二〇一六年、三―一六頁

増山賢治「21世紀初頭前後以降のJ-Popにおける実力派アイドルボーイズグループの系譜――「非アイドル」と

いう新たなスタイルイメージの創出へ」『愛知県立芸術大学紀要』第四七号、二〇一七年、一〇七―一一九頁

第6章 ジャニーズ問題と私たち——性加害とファン文化の不幸な関係

二〇二三年の夏から秋にかけてのひと時、テレビを点ければジャニーズ事務所の問題ばかりが報道されていた。重要なニュースがほかにもあるだろうと指摘する識者もいたが、私自身は、元社長である故ジャニー喜多川が起こした一連の性暴力問題が十分な質と量で報道されているとは思えなかった。さらに、この問題を、一芸能事務所の社長が起こした特殊な世界の事件であるとする声にも賛同できなかった。なぜなら、この問題を「芸能」という特殊な世界の出来事とし、人権の問題だと捉えてこなかった私たちのまなざしそのものが、問題の本質を隠蔽させる原因であったからだ。

ジャニー喜多川による性加害の背景には、芸能事務所とメディア企業が長い年月をかけて社会全体に浸透させた性暴力への悪い意味での「寛容さ」と、巨大組織の犯した罪を「黙認」する文化が横たわっている。同時に、こうした文化を醸成してきた中心には、ジャニーズ事務所に巨大な権力を持たせると同時に、所属タレントを商品のように扱ってきたテレビ文化がある。テレビ文化のショービジネスのもと、事務所は白昼堂々、内部で起きている性暴力を隠蔽し、タレントたちを愛してやまないファンからその忠誠心と資金と時間とを収奪してきたのである。したがって、この問題は単なる芸能ゴシップではなく、日本社会全体に広がる病であるとも考えられる。

私は以下、日本社会が抱えている課題の一つに性暴力への黙認という問題が潜んでいること、ポピュラー文化が今日では「数の力」という経済的な価値によって乗っ取られていること、ファンの誠意と忠誠心そのものがこの問題をうやむやにし、隠蔽するための駆動力として機能していることを主張したい。

鈍かったメディアの反応

ことの発端は、二〇二三年の三月一八日にBBCニュースで『J-POPの捕食者 秘められたスキャンダル（原題：Predator: The Secret Scandal of J-Pop）』と題するドキュメンタリーが全世界に向けて放送されたことにある。しかし、放送後にこの性暴力問題を報道したのはNHKのみであり、民放各社はニュースとして扱うことはなかった。翌月一二日には元ジャニーズJr.のカウアン・オカモト氏が顔と名前を明かして告発と記者会見を行ったが、やはりメディアの反応は鈍かった。

メディアの錆《さ》びれきった感性が少しずつ研がれるようになったのは（「研ぎ澄まされるようになった」と表現できない状況が本書を執筆している時点でも続いており残念である）、二〇二三年七月二四日から八月四日の日程で国連人権理事会の作業部会「ビジネスと人権」のメンバーが来日し、日本政府と企業による人権に関する義務や責任への取り組みと同時に、ジャニー喜多川の性加害問題についても関係者から聞き取りを行ったからである。国内ニュースの報道を見ると、作業部会はジャニーズ事務所だけを調査しに来たかのように感じられるが、調査の対象は日本の政治や企業活動全般の人権問題に及んでおり、より広い社会的分脈の中でこの問題を捉えていたことには注視しておく必要がある。

その後、八月二九日には事務所の設置した外部三名の専門家による再発防止特別チームが、調査報告書を公開した。この特別チームは、五月末からの三ヵ月間に、元ジャニーズJr.、現役タレント、事務所関係者ら計四一人に聞き取りを行い、性的虐待や強制性交の実態、それを隠蔽した事務所内の権力構造について踏み込んだ内容を公開している[1]。その後、九月七日と一〇月二日に二度の記者会見が行われた。この記者会見、特に二度目の会見がさらなる混乱を招くことになるのだが、ここでいったん、テレビ局と広告にタレントを起用してきた企業の対応に目を向けてみる。

初回の会見後、テレビ各局はそれぞれの見解について公開し、事務所に対して改革を求める要望書を提出するなど、この問題を傍観するつもりはないことを明らかにした。民放連会長も反省の弁を述べていた。帝国データバンクの調査によると、ジャニーズ事務所のタレントを自社のCMなどに起用していた上場企業六五社のうち、九月末時点で放映中のCMなどを「中止する」と表明した企業は一九社、契約期間満了後に「更新しない」などの対応を表明した企業は一四社に上っている(2)。

一〇月二日の二度目の記者会見では、被害者への補償、従来のジャニーズ事務所を補償会社「SMILE-UP.」とし、その一方で新会社を設立して希望する所属タレントとマネージメント契約を結ぶこと、新会社の名前は公募することなどが発表された(二〇二四年四月に新会社の「STARTO ENTERTAINMENT」(以下SE社)が発足している)。しかし、会見の運営を行ったコンサルティング会社が「指名NGリスト」を準備していたとその二日後にNHKのニュース7がトップニュースとして報じたことで、ジャニーズ事務所はさらなる追及を受けることになった。

性加害に加担したメディアの黙認

一〇月二日の会見では四七八人の被害届けがあったと明らかにされた。BBCによるジャニーズ報道のきかっけの一つになったと考えられるジミー・サヴィル事件の被害者数は七二名であると報じられているが、ジャニーズに関してはすべての被害者が届け出ているわけではないことを鑑みると被害者数の異常さが浮かび上がる。

本来であれば刑事事件として立件し、事務所内の捜査を行うのが筋である。だが、加害者本人が故人であること、性被害を告発している元Jr.だけでなく、現在も事務所に所属し、テレビ番組や広告に出演しているタレントたちも被害者であった、ないしは加害者を幇助《ほうじょ》してきた（もしくはその両立場である）という可能性を否定しきれないことから、被害の実情は慎重な調査と捜査を余儀なくされた。加えて、これまで日本社会においてほとんど見過ごされてきた男性から男性への性暴力の事件であること、児童虐待を含む未成年を対象とした性的虐待であり、被害にあった時期が強制性交などの公訴時効を超えていることも、望ましい解決と決着の地点を想定しにくくしている。

さらに、長い年月にわたって隠蔽に加担してきた主要アクターが複数の領域にまたがっていることから、被害と加害の関係が入り組み、事件のプロセス解明を複雑なものにしている。事務所に関しては、ジャニー喜多川本人、姉であるメリー喜多川とその娘のジュリー藤島親子、性加害の事実を知りながら、もしくはうすうす感じ取りながらも否認し続けてきたであろう社員、所属タレントなどが、内部のアクターとして含まれる。また、エンターテインメント業界に関わりのある人々、番組制作者やコンサートの制作スタッフ、劇場関係者や宣伝・広告に関わる企業や組織のなかに、黙認しながら関わってきた人もいることだろう。そして、メディア企業に所属する人々（特に、制作、編成、報道関係のスタッフ）、性加害の「噂」を耳にしながらそれを黙認し、応援してきた多くのファン、テレビの前で所属タレントを眺めてきたすべての視聴者たち――私自身でさえ完全に無関係であるとは言い切れない。

なかでも、事件を追求すべきマスコミ、特に報道部門を有しているテレビ局が、二〇年以上にわたって事務所の権勢拡大の主要アクターとして持ちつ持たれつの関係にあったことを看過してはならない。メディアの黙認の状況を、『週刊文春』の編集長だった加藤晃彦氏はメディアと事務所の「利益共同体」と表現しているが、[3] 人権侵害やハラスメントの問題を社会正義の観点から報道する責務を負ったマスコミ（なかでもテレビ局）が、まれに見るこの性暴力事件の持続・隠蔽・解決不可能性に加担してきたことは、きちんと指摘しておく必要がある。

国連人権理事会の作業部会は「日本のメディア企業は数十年にもわたり、この不祥事のもみ消しに加担した」と報告し、性加害が事務所による隠蔽のみによって継続されたのではなく、日本のメディア企業の黙認によって維持されたことを指摘した。再発防止チームの報告書も「ジャニーズ事務所は、ジャニー氏の性加害についてマスメディアからの批判を受けることがないことから、当該性加害の実態を調査することをはじめとして自浄能力を発揮することもなく、その隠蔽体質を強化していったと断ぜざるを得ない。その結果……被害が拡大し、さらに多くの被害者を出すこととなった」と、メディアの沈黙を追及している。

ジャニーズ事務所の十分とはいえない記者会見と、さらなる性被害の告発の後で、テレビ朝日は事務所に便宜を図ってきた『ミュージックステーション』に他事務所のボーイズグループを出演させ、番組収録の際に性加害が行われたことを報じたNHKが、当該番組である『ザ少年倶楽部』の収録中止と番組内容を検討するという「応急手当」を行った。

とはいえ現在でも、書店に並ぶ雑誌の表紙は相変わらず所属タレントの写真が多い。問題発覚後のドラマへのキャスティングやバラエティ番組への出演量を見ても、自主検証を行い、事務所との関係を見直したテレビ局の番組とは思えないほど旧ジャニーズ事務所に所属していたタレントに依存する状況が継続している。(4)

さらに、いくつかの局がジャニーズ事務所との関係について、社内検証を行い、その結果を放送した。NHK『クローズアップ現代』、TBS『報道特集』、日テレ『news every』における検証は、報道部門だけでなく、編成や制作に携わる社員の聞き取りを過去にまで遡《さかのぼ》って行った。しかし、ワインスタインの性暴力事件を調査・報道した『その名を暴け』や『キャッチ・アンド・キル』などと照らし合わせてみたときに、その検証はまだ不十分であると言わざるを得ない。指摘された性的虐待の、より根源的な清算と自主検証なしに、メディアはこの問題を報道することも、事務所を批判することも、解決に向けて先に進むこともできないというアンビバレントな状況に置かれていた。性暴力の問題と人権意識についてグローバルスタンダードを共有できていない各メディア企業は、このまま内向きの意識でこの問題を看過してしまうなら、いずれジェンダー不正義に加担するものとして批判されてしまうことだろう。とはいえ、これらの検証結果だけ見ても、報道部門が委縮し、エンターテインメント部門に屈していったプロセスを汲み取ることはできる。

事務所の経営者一族の独特な権威主義的パーソナリティが最大の原因であるとしても、制作と編制が所属タレントに依存し、ジャニーズ事務所一強の環境を作り上げ、報道の萎縮を招いてしまった背景には、テレビ局が市民への貢献や公平性の原理よりも、数字という経済的な価値を重視していったこの期間の社会情勢が透かし見えている。つまり、視聴率を稼ぎ、売り上げを増やすという制作や編制のロジックに屈して、どの局でも報道の自律性と自由が抑え込まれ、委縮し、やがてそれが局内の文化となり、世代を超えて若い記者たちにも浸透していったのである。

ジャニー喜多川の性加害問題のプロセスを解明するためには、こうした経済原理が文化とその政治性を侵襲し、正義や公平性の価値を棄損してしまった点について自己批判し、反省しなくてはならない。その上で、この問題を再発させないためには、報道部門の自律性と力を回復させることこそが、もっとも重要であると考える。

メディア各社には、芸能事務所の再発防止特別チームが指摘した「マスメディアの沈黙」を正面から受け止め、事務所との力関係が形成された過程をさらに詳細に調査し、検証を重ね、詳《つまび》らかにしてほしいと、現在でも考えている。その際に、二〇二二年九月に日本政府がようやく指針を公表した「人権デュー・ディリジェンス」の考え方が手がかりとなるだろう。これは、二〇一一年三月二一日に公開された「ビジネスと人権に関する指導原則　国際連合「保護、尊重及び救済」枠組実施のために(5)」と題された報告書によって提起された原則であり、企業が取引先の人権問題にも責任を負わねばならないことを謳うものである。

温存される事務所内の権力構造

再発防止チームの報告書は、的確に事務所内の性加害の実態と、権力構造についてまとめていた。特に、一九五〇年代に服部吉次氏らに性加害を行うことから始まり、一九七〇年代前半から二〇一〇年代半ばまで長期間にわたって多数のジャニーズJr.に性加害を繰り返すことができた背景には、ジャニーズJr.のデビューやグループの所属など、誰をどのように売り出していくのかという「生殺与奪の権を握る絶対的な立場」にジャニー喜多川がいたことを指摘している。そして、その絶対的な立場を守ってきたのが、「ガバナンス不全の最大の要因である同族経営」という事務所内部の権力構造であった。

しかし、その権力構造が現在、改善されているかと問われると、実際のところ不透明である。一〇月二日の記者会見で当時の東山社長が「内向きだった」と反省の弁を述べているものの、長年の権力構造を守ってきた社員や元社員が記者会見には登壇していないし、その後の事務所及び新会社の対応を見る限り、「内向き」の姿勢に改善は見られなかった。特に、一〇月九日にジャニーズ事務所のホームページに掲載された声明文は、事務所の立場を一層、難しいものとしてしまった。

二度の記者会見で、東山社長も井ノ原副社長（二〇二三年一二月付で退任）も繰り返し「被害者への誹謗中傷は辞めてください」と訴えてきたが、九日夜ホームページに掲載されたのは、それとは反対の方向にファンを誘導していきかねない文言であった。これは、NHKが夜の七時のニュース番組で、二〇〇二年秋の『ザ少年倶楽部』の収録時にNHKの施設内でジャニーによる当時高校生だった男性への性加害があったことを報道した直後に公開されたものである。その中に、「なお、弊社は現在、被害者でない可能性が高い方々が、本当の被害者の方々の証言を使って虚偽の話をされているケースが複数あるという情報にも接しており」という表現が含まれていた。

「第三者チームに事実認定を委ねている」にもかかわらず、第三者チームを通さずに被害者の言葉を「虚偽の話」と認定する声明を出すことがそもそも理に適っていなかった。もし、NHKの報道が虚偽であるとするならば、事務所は自らその報道の「虚偽性」の根拠を示さなくてはならない。しかも、事実認定を第三者チームに委《ゆだ》ねている以上、事務所は被害を訴える人々の証言の真偽の判定には関わってはならない。ある種の報道や告発を「虚偽の話」と断じているようにも読み取れるこの声明は、そうした立場とは明らかに矛盾していた。だが、この声明によって、ジャニーズ事務所は被害者の告発に虚偽がまぎれこんでいるような印象を振りまき、（そのような意図があるのかどうかにかかわらず）告発した被害者の人々が声を上げることを抑圧しようとしているように見える結果になってしまった。

この声明文を読んで、これはまずいことになるだろうと予感し、その後、予感は的中した。性暴力の被害にあった人の告発を虚偽であるかのように言及することは、性暴力の加害者の代理人として被害者に誠実に対応しようとしている側が絶対に口にしてはならない言葉である。案の定、この声明を盾に、その後一部の暴走するファンが被害者を中傷するような投稿をますますSNSに書き込むようになった。

記者会見の際に井ノ原氏が見せてしまったトーンポリシング（「子どもたちも見ています」「ルールを守りましょうよ」）と同じ致命的な失敗をするだけでなく、一部の暴走するファンに虚偽の「正当性」を与えてしまうこの声明は、もはや、マスコミ報道に忖度《そんたく》を強いる権力関係は崩壊の危機に瀕しているにもかかわらず、長年、培われてきた圧力体質から抜け出せてはいないことを示すことになってしまった。つまり、事務所を再生しようとしている人々は、ジャニー喜多川による性加害問題の根幹をまるで理解できていなかったのである。

この声明によって、事務所は「一線を越えてしまった」。事務所の誤った対応を見逃してしまったことで、所属タレント、テレビ局のエンターテインメント部門、報道メディアの大部分、そして多くのファンが事務所を甘やかし続けていることが露呈してしまったのである。

ファン文化による不幸な愛着

最後に、ファンとファンコミュニティの問題に言及しておく。性加害の全貌を解明する際に最大の障壁となっているのが、ファンの持つ巨大な影響力である。旧ジャニーズ事務所のファンコミュニティは国内最大規模のものであり、文化が数の原理に置き換えられていく時代とマッチする形で、その忠誠心と消費の力を通じて巨大な影響力を行使してきた。その一方で、ジャニーズファンに代表される「アイドルを応援する女性たち」は、これまで日本社会においては執拗に侮蔑され、時には軽蔑や揶揄《やゆ》の対象としてメディアや社会全体から低く価値付けられ低俗な文化であるとみなされてきた。私自身は、低俗な文化であるという長年与えられてきた評価へのコンプレックスが、数の力を通じたスティグマの払拭という強烈な欲望へとファンを導いていったと考えている。

もう一つ、旧ジャニーズ事務所の男性アイドルを推すファン文化には、両義性が含まれている。ジャニーズのファンには女性が多く、社会的にはオンナコドモの低俗なサブカルチャーとして見下される一方で、ファンコミュニティこそが女性たちが自律的かつ安全に生息できる数少ない社会空間でもあるという両義性だ。長い年月、公共の政治や経済、文化の生産から排斥されてきた多くの女性たちが、消費の領域では比較的安全に活動でき、楽しみながら仲間を作り、コミュニケーションを行い、安心して権利を行使することができた。消費領域が女性たちにもたらした効能については、『アダム・スミスの夕食を作ったのは誰か』の著者でもあるカトリーン・キラス＝マルサスが『これまでの経済で無視されてきた数々のアイデアの話』で指摘している。ジャニーズのアイドルを応援する女性たちは、まさにこうした消費の空間で生き生きと楽しみながら活動してきたのである。

ファンの立場に立ってみるならば、「ジャニーズ」という名前のコノテーションは、一般の人たちとは全く異なっているに違いない。仲間と体験した様々な推し活の思い出、愛するアイドルとの無数の記憶、ファンコミュニティが与えてくれる誇りと、安心や興奮や喜びなど、事務所の名前は前社長の固有名を離れ、ファンそれぞれの記憶や人生そのものと結びついている。ファンにしてみれば、そんな愛すべき名前と、その名前の与えてくれた空間が、突然、傷つけられ、抹消されることになったのである。しかも、アイドルの応援を軽蔑に値する文化であると断じ、ファンの女性を侮蔑し、ミソジニー（女性嫌悪）と結びつけた悪感情に満ちた言葉が、ファンコミュニティの外側から雨あられと飛んでくる。内情を知らぬ者たちに、別のファン文化と比較され、優劣を付けられもする。

しかし、その名前を傷つけた本当の敵を、見誤らないでほしい。一〇月九日の声明、一七日の事務所名の変更、そしてその間に出てきた所属タレントによる数々の発言は、事務所がタレントを矢面に立たせ、被害者に対する「セカンドレイプ」や誹謗中傷をまねきかねない声明などを通じて逃げ切ろうとするものであったからだ。にもかかわらず、忠実で真面目なファンであればあるほど「不幸な」愛着の発露と共に、事務所の戦術に巻き込まれてしまっている。責任を取る必要のない所属タレントを「社長」や「副社長」に祭り上げ、記者会見の矢面に立たせていた力は何であったのか。その力とは、メディアや広告がジャニー喜多川の罪を知りながら安易にタレントを商品として使い、被害者を生み出し続けてきた装置そのものである。そして、その装置を働かせるエネルギーになってきたのが、ファンの存在と忠誠心、応援する気持ちが売り上げや視聴率として数字に転嫁されるという残酷なシステムだったのではないだろうか。

カウアン氏の告発以降、SNSなどで暴走するファンの一部が、事務所の設置した外部の専門家チームの報告を非難し、被害者への激しい誹謗中傷を繰り返し、所属タレントが攻撃されているとの思いで、性加害問題は国内外の芸能事務所によるジャニーズ事務所を追い落とすための捏造であるなどという陰謀論へと転落している（とはいえ、ジャニーズのファン数は非常に多く、SNS上のものはごく一部にすぎず、一部の反応を全体の総意として捉えてはならない）。

こうした陰謀論への転落を、ファン文化に帰属する女性たちの愚かさとして批判する言説に、私は断固として反対したい。カール・シュミットの言う「友／敵」の二項対立の軸に沿って、負の等価性連鎖が果てしなく繰り広げられ、最終的には陰謀論へと帰着するというのが、現在、X（旧Twitter）で展開されているさまざまな論争のカラクリである。「等価性連鎖」というのは、ラディカル・デモクラシーの可能性を主張したラクラウとムフが唱えた、多元的な差異を等しくつなぎ合わせることで、より根源的なデモクラシーを希求する人民を動員するための理論である。[6]しかし、今日生じているのは、さまざまな事象ごとに存在している個別の文脈や権力関係を抜き取り、あたかも共謀しているかのように等価の存在として結び付け、事物の原因であるかのように語る負のスパイラルとしての等価性連鎖である。

しかし、こうした負の等価性連鎖というものは、この一連の事件だけに特有の現象ではない。こうした反応は、SNSプラットフォームで人々が自由に発言を繰り広げるようになった二〇一〇年代以降、頻繁に見られる現象である。最も似ているのが、議事堂に乱入した米国の元大統領ドナルド・トランプを支持する人々の言論である。こうした連鎖は、個人の意志や情熱を超えて、人々の諍いを資本へと転化するプラットフォーム経済とコミュニケーション資本主義の問題として問い直していかなくてはならない。

この問題を受けてかれらを愛するファンの人たちには、タレントに沈黙を強い、人権問題や社会常識をきちんと教えないまま成人させ、男性中心的なテレビ文化の中に囲い込んできた巨大な装置とその残虐なシステムについて、いまこそ冷静に見つめなおしてほしい。なぜならこの装置は事務所によってのみ突き動かされてきたのではなく、すでに言及したように、エンターテインメント産業や音楽産業そのもの、このシステムの問題点を批判することなく温存させ続けてきたテレビや新聞やアイドル批評など、メディアの仕組み全体の仕業であったからだ。

この問題をジャニーズに特有のものとせず日本社会に蔓延《はびこ》る普遍的な課題として捉えていくためには、エンターテインメント業界でこれまで浮かび上がってきた女性による性被害の訴えもまた過去にさかのぼって検証し直す必要がある。過去にも、同様の被害を告発した女性たちがたくさんいたにもかかわらず、正面からきちんと取り上げられ、事実関係の確認が行われることはほとんどなかった。訴えたのが女性タレントであった場合には、その存在ごとテレビ画面や雑誌の紙面から消されていくだけであった。メディア企業やエンターテインメント業界には、ジャニー喜多川の性加害の問題に対処して終わるのではなく、これまで耳を傾けてこなかった女性たちによる被害の訴えにもきちんと対応していく姿勢を見せてほしい。

こうした過去の告発を洗い出して検証するとともに、現在、芸能関係の仕事をしているタレント（男女問わず）に対する聞き取り調査や、被害に合った時に訴えることのできる機関についての情報提供、性暴力の被害に合っている人々の声をもみ消したり、揶揄したり、誹謗中傷による二次被害の拡大の取り締まりなど、芸能事務所、エンターテインメントや音楽産業、メディア企業、ファンコミュニティのそれぞれで、自主的に取り組むための余地はまだ広大に残されている。こうした取り組みこそが、＃MeToo の真の意味を、日本社会に根付かせていく大切な試みとなることだろう(7)。

エンターテインメントを好む者として、また愛するアイドルやタレントを持つ一人のファンとして、自分たちを楽しませてくれている人々の基本的人権や身体および精神の安全がきちんと保たれ、アイドルやタレントがモノや商品のように扱われることのない環境が業界全体で早急に整備されることを、心から願っている。

注

（1）「ジャニー氏性加害「広範に」」『朝日新聞』二〇二三年八月三〇日朝刊一面

（2）景気経済動向記事「「ジャニーズタレント」CM等起用の上場企業動向調査（2023年9月20日時点）」帝国データバンク、二〇二三年九月二一日 https://www.tdb.co.jp/report/watching/press/p230909.html（最終アクセス二〇二四年六月一五日）

（3）高橋ユキ「ジャニーズ性加害問題、週刊文春編集長が指摘する「メディアと事務所の利益共同体」」弁護士ドットコムニュース、二〇二三年四月一五日 https://www.bengo4.com/c_18/n_15895/（最終アクセス二〇二四年六月一五日）

（4）二〇二四年七月現在、NHKとテレビ東京は当面新会社SE社のタレントを新たに出演させないことを明示している。

（5）「人権と多国籍企業及びその他の企業の問題に関する事務総長特別代表、ジョン・ラギーの報告書」（国際連合広報センター）https://www.unic.or.jp/texts_audiovisual/resolutions_reports/hr_council/ga_regular_session/3404/（最終アクセス二〇二四年六月一五日）

（6）Ernesto Laclau and Chantal Mouffe, *Hegemony & Socialist Strategy*.（＝山崎カヲル・石澤武訳『ポスト・マルク

ス主義と政治』）

（7）二〇二四年二月には社会調査支援機構チキラボが、芸能・メディア分野におけるハラスメントや圧力問題についての実態調査の結果を公表した。詳細は、チキラボの公式サイト（https://www.sra-chiki-lab.com/reaserch-result/）で公開されている。ジャニー喜多川の性暴力の問題が社会問題化する以前にも、芸能関係やフリーランスの人たちへのセクハラや性暴力に関する調査は行われてきた。例えば、フリーランス協会が二〇一九年に公表した「フリーランス・芸能関係者へのハラスメント実態アンケート調査結果」（https://blog.freelance-jp.org/20190910-5309/）や一般社団法人日本芸能従事者協会が二〇二二年に公開した「芸能・芸術・メディア業界のハラスメント実態調査アンケート２０２２」（https://artsworkers.jp/wp-content/uploads/2022/09/20220906.pdf）など（すべて最終アクセス二〇二四年六月一五日）。

参考文献

Ernesto Laclau and Chantal Mouffe, *Hegemony & Socialist Strategy: Towards a Radical Democratic Politics*, London : Verso, 2001.（＝山崎カヲル・石澤武訳『ポスト・マルクス主義と政治――根源的民主主義のために』大村書店、一九九二年）

キラス＝マルサル、カトリーン『これまでの経済で無視されてきた数々のアイデアの話――イノベーションとジェンダー』山本真麻訳、河出書房新社、二〇二三年

III

オタク文化とフェミニズム

第7章 〈スペクタクル〉な社会を生きる女性たちの両義性

ギー・ドゥボールの『スペクタクルの社会』は、一九六七年に出版され、現在も読み継がれている断章形式の古典的著作だ。ドゥボールはこの本で、現代社会の様相を「スペクタクル」という概念に基づき、批判的に分析している。ここでドゥボールが提起している「スペクタクル」という概念は、テーゼ三四「スペクタクルとは、イメージと化すまでに蓄積の度を増した資本である」（ドゥボール『スペクタクルの社会』三〇頁）という命題に端的に示されているように、現代社会を生きるあらゆる人間が、メディア化されたイメージの消費に絡めとられ、従属させられ、搾取されているありさまを表わすものである。

ドゥボールはさらに、「スペクタクル」というキーワードを「社会」という概念に連結し、「スペクタクルの社会」と呼ぶことで、メディアやイメージをつうじた支配についてだけでなく、権力が日常化・常態化・偏在化し、人々のあいだでそれへの従属化が意識されることなく自明のものとして浸透した社会までもを捉えようと努めた。そんな彼の著作は、私たちが無自覚に従属させられてしまっている「日常」と「生」を批判するための言葉を投げかけてくれている。そこで、ドゥボールの「スペクタクル」概念を参照しながら女性たちの経済的・社会的な自立とともに生じた、ある消費実践について考察し、それがどのような現象であるのか、そこにはどのような問題が潜んでいるのか、という点について考えてみたい。

消費主体／消費客体の転覆とその波及

もはや古典となった一九七五年の論稿において、ローラ・マルヴィは映像と視線の関係に示されるジェンダー間の権力構造について問題提起を行った。その論文で、映画とは、「見る主体」である男性と「見られる客体」である女性とのあいだに広がる不均衡な権力関係であり、映画的なスペクタクルとしての女性身体の表象と商品化である、とマルヴィは論じた（マルヴィ「視覚的快楽と物語映画」）。

それからおよそ半世紀が過ぎた。未だ変わらぬジェンダー間の権力の不均衡はあるものの、女性たちが主体的に文化的な活動をする機会は増えているように感じられる。それは、文化や教育、言語やイメージによって強制されてきた家父長制イデオロギーへの、第二波フェミニズムによる批判がもたらした重要な成果として評価できるだろう。そして、主体的に文化的な活動を行い、もしくは「見る主体」としてメディアに携わる女性については、特に二〇〇〇年代以降のいくつもの研究や評論で触れられてきた。

例えば、二〇〇二年日韓ワールドカップの際に指摘されたのは、「見る主体」である男性と「見られる客体」である女性によって構成される関係が転倒しつつあるということだった。韓国のジェンダー研究を牽引してきた金賢美《キムヒョンミ》は、スポーツ観戦の場でイケメン選手たちに声援を送ったアジアの女性たちについて、このように記した。

いままでの「見られる側」としての立場ではなく、男性の身体を「見る側」として女性が登場するようになったことは、「まなざし」を通じた男女間の権力関係に亀裂を生じさせることとなった。（金賢美「二〇〇二年ワールドカップにおける〈女性化〉と女性〈ファンダム〉」二四頁）

同様の転覆は日本でも起こり、日韓ワールドカップ以降今日に至るまで、イケメン選手の特集がますますメディアを賑《にぎ》わせるようになっている。女性週刊誌を開けば、ロサンゼルス・ドジャーズの大谷翔平やその他国際大会に出場する団体スポーツの男子選手がもれなく「イケメン」として顔写真のアップとともに紹介されている。さらに、オリックス・バファローズでは、ファンの女性を「オリ姫」と呼び、二〇二三年には「オリメン（オリ姫が選ぶバファローズの推しメン）」を投票する企画も敢行《かんこう》された。オリックスの選手をアイドル化するというコンセプトで、ブロマイド風の写真も作成し、SNSを中心に話題を呼んだ。(1) 中日ドラゴンズでも「推しメンコンテスト」が開催され、投票やグッズの販売が行われた。

ここで紹介したスポーツの例に限らず、女性たちの経済的・社会的自立と異性愛主義の遂行とが結合された結果として、現代の日本のポピュラー文化においては、イケメン文化がかつてないほど花開いている。

むろん、かねてより女性たちはビートルズに熱狂し、アラン・ドロンやデヴィッド・ボウイに嬌声をあげてきたのだから、ハンサムな男性アーティストや俳優やアスリートたちに群がる女性は、近年になって突如、出現したわけではない。意義ある文化の一つとして語られ、考察されてこなかっただけで、これまでも多くの女性たちが「主体的」に男性をまなざし、盛んに消費してきたのである。だから、映画や舞台、スポーツ観戦といった「見る／見られる」という関係のなかで、女性が主体的位置を占めること自体はさして目新しいものではない。とはいえ、一九九〇年代半ばを境に、女性たちをとりまく環境には大きな変化が生じている。それは、自分で稼いだ賃金を自分で使うという「自給自足型の消費主体としての女性」の急増だ。

その事実に根拠を与えるのは、「M字カーブ」として知られる二五歳から三四歳までの結婚・子育て期にあたる女性労働者の人口が、最近はそれほど低下しなくなったという調査結果だ。(2)

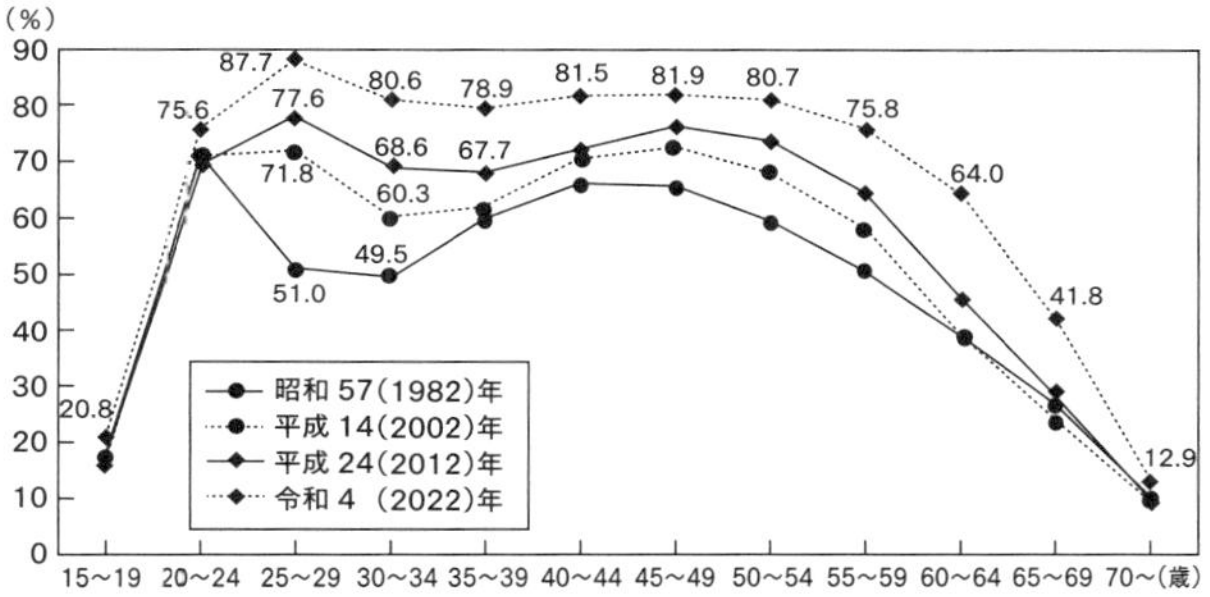

（備考） 1. 総務省「労働力調査（基本集計）」より作成。
2. 労働力人口比率は、「労働力人口（就業者＋完全失業者）」／「15 歳以上人口」× 100。

表 女性の年齢階級別労働力人口比率の推移

総務省「労働力調査（基本集計）」（令和四年）の調査結果から作成された「女性の年齢階級別労働力率の推移」によると、この時期の女性労働力人口比率は、四九・五〜五一％台まで落ち込んでいた一九八二年（昭和五七年）に比べて、二〇二二年（令和四年）には八〇・六〜八七・七％にまで上昇している。さらに詳細に比べてみると、M字の底にあたる時期が一九八二年には二五〜三四歳の一〇年間であるのに対し、二〇二二年では三五〜三九歳までの五年間へとシフトし、M字の底の年齢が高齢化していることもわかる。

さらに、「配偶関係・年齢階級別女性の労働力率の推移」というグラフでは、二五歳から二九歳までの有配偶の女性たちの労働力率が、一九七五年には三〇％前後だったのに対して、二〇一四年には五九・二％とほぼ二倍に増えていることが示されている。(3)

この二つのグラフから読み取れるのは、第一に女性の晩婚化が進んでいるということ、第二に結婚しても仕事をつ

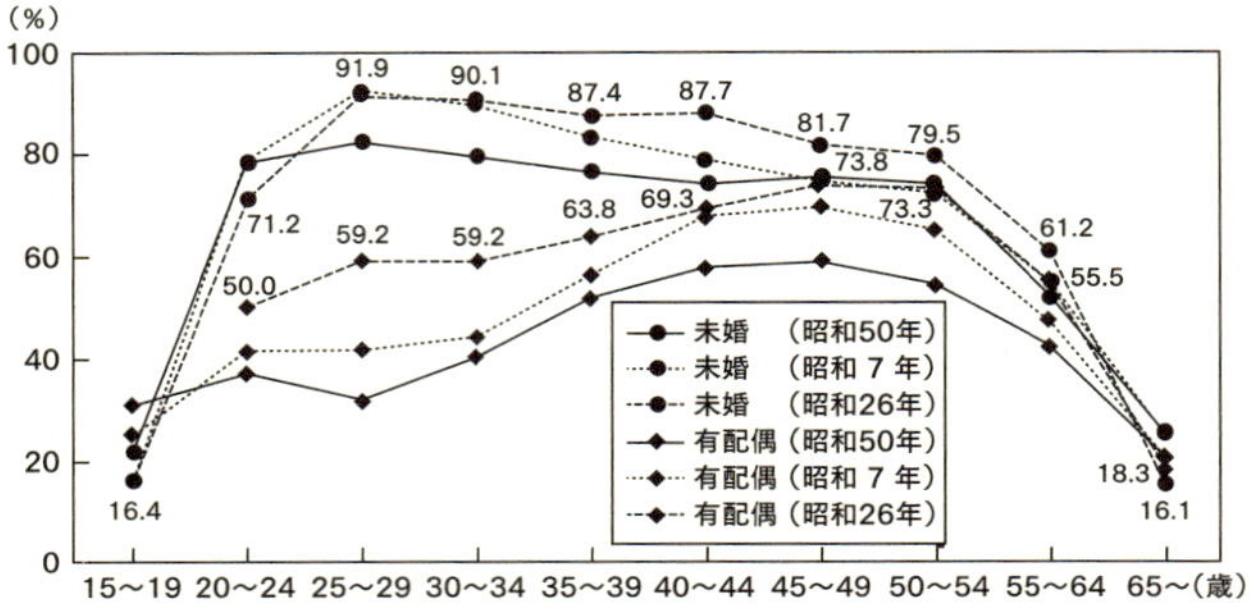

（備考）1. 総務省「労働力調査（基本集計）」より作成。
2. 「労働力率」は、15 歳以上人口に占める労働力人口（就業者＋完全失業者）の割合。
3. 15 〜 19 歳有配偶（平成 26 年）の値は、該当する数値がないため、表示していない。

表　配偶関係・年齢階級別女性の労働力率の推移

づける女性が増えていること、の二点である。晩婚化は、当然、非婚でいる期間の長期化をもたらすし、仕事をもちつづける女性の増加は、（実際には男性よりも圧倒的に収入が低いにもかかわらず）女性たちの経済的自立性の向上と自分自身の所得にもとづく消費活動をもたらしていると考えられる。

このように自給自足型の消費主体となった女性たちの増加は、異性愛的欲望とともに男性たちを「見られる客体」の位置におき、消費される対象へと変えていった。しかも彼女たちは、「消費対象としての男性の洗練化」を欲望し、「選択的な消費」をつうじて、男性たちの変容を促進している。

振り返ってみると、女性によるイケメン批評の始祖ともいえる存在であった中島梓は、女性の美醜の判定者という特権的な地位を長らく独占し続けてきた男性たちの美醜を俎上に載せ、一九八〇年代の半ばごろから公然と美少年について論じ始めた。[4] その中島が、一九九八年に次のような記述をしている。

いまや少年たちも選別され、選別されることをよろこび、心待ちにし、初夜の花嫁のような不安に慄きながら「美少年コンテスト」の控室にいる。〔…〕少女たちはいまや対象化されること、商品であることのヴェテランとして少年たちをリードしている。〔…〕少年たちは、金をもっていない買い手であると同時に不慣れなあかぬけない商品として、なんと選別の最後列についてしまったことになる。(中島梓『タナトスの子供たち』一四—一五頁)

ここにでてくる「「美少年コンテスト」の控室」という表現は比喩的なものである。しかし、中島は「コンテスト」という言葉をもちいることで、男性たちがその外見的美しさや格好良さを売りにして、「アイドル」や「モデル」や「俳優」として「見られる客体」ないしは、「女性たちに消費される商品」となっていく潮流を、抽象的に説明しようとしたのだろう。

中島が記したとおり一九九〇年代後半以降、消費の対象として自己の洗練化と商品化を強要されてきた女性たちに続くかのように、男性たちは間違いなく「選別の最後列」につくことを余儀なくされたし、今日それは常態化してしまった。

このことを裏づけるのが、一九九〇年代から現在までつづく男性アイドルの顕在化であり、それと併走するように沸き起こった二〇〇〇年代以降の韓流ブーム、そして、ありとあらゆる領域・ジャンルにおける「イケメン」と十羽ひと絡《から》げに呼ばれる男の子たちの増殖だろう。彼らは、いち早く中島がその存在を看破していた「不慣れなあかぬけない商品として、選別の最後列に」並んだ存在である。とはいえ、そんな男性たちの現状はどうなっているのだろうか。今日の日本の文化的事象に、その様子を探ってみることにしよう。

バラエティ豊かな「イケメン男性」の増殖

見て、選んで、消費する主体と化した女性たちの登場と、その増幅によって、「イケメン」と呼ばれる男性たちが増殖し続けている。長らく日本の男性アイドルの地位を独占してきた旧ジャニーズ事務所に所属してきたようなアイドルグループのみならず、それ以外にもオーディション形式で結成されたボーイズグループや舞台など、「イケメン男性」の登竜門は増え続けている。以下、三つの事例から、現状をみていくことにする。

①非ジャニーズ系アイドル

男性たちが「選別の最後列」についたという中島の指摘は、九〇年代から二〇〇〇年代にかけて頂点に達したジャニーズアイドルブームに続いて、非ジャニーズ系アイドルが出現し、拡大していった流れからも裏づけられる。

例えば、九〇年代以降現在も活動している DA PUMP や w-inds. などのライジングプロダクションによる男性グループの台頭は、ジャニーズ系アイドル一択だった消費対象としての男性のスタイルを本格的なダンス&ボーカルの方向へと多極化していく道を切りひらいた。

その後のさらなる多角化と拡大路線は周知のとおりだ。二〇〇三年以降のドラマや映画を中心とした第一次韓流ブーム、それにつづく二〇〇八年頃からの K-POP の流行により二度目の韓流ブームが巻き起こった（ただし、これは男性歌手に限った流行ではなく女性歌手も非常に人気があった）。そこでは、従来の「華奢で小さくてかわいらしい」ジャニーズ系のアイドルとはまったく異なるタイプの「男らしくて格好良い」タイプのイケメン男性がもてはやされた。そうした流れのなか、EXILE をはじめとするＬＤＨグループが台頭し、マッチョ系男性アイドルというチョイスも女性たちに与えられた。

そして、二〇一〇年代になると EBiDAN（エビダン）と呼ばれる男性アイドルユニットの複合体が登場する。EBiDAN とは、「恵比寿学園男子部」の略語からつけられた名称で、スターダストプロモーションに所属する男性俳優・タレントで構成されたアーティスト集団のことを指す。EBiDAN は、ジャニーズアイドルなど他の男性アイドルグループとの差異化を図るよりむしろ、同じ事務所の女性アイドルグループ（例えば、ももいろクローバーZら）の売り方を踏襲している点で非常に新しかった。その新しさゆえに、複数のアーティストが出演するフェスなどで

EBiDAN系列の男性グループのパフォーマンスとファンの応援を見ると、別の男性グループのファンたちはみな一様に驚いていた。

おもに女性を中心に構成されるEBiDANのファンたちは、舞台上のパフォーマンスに集中するというよりも、ミックスと呼ばれるヲタ芸やメンバーへの定番のコールをかけることに全力投球していた。そこで披露《ひろう》されるのは、舞台上のパフォーマンスに集中し、メンバーを見つめ、歓声をあげるという、アイドルを中心に据えた応援方法ではなかった。むしろ、女性ファンたちの熱狂が舞台上の男性アイドル・グループの動きを煽っているようにも見えるほどであった。パフォーマンスの主導権は、もはや男性アイドルたちが握るのではなく、ファンの女性たちに委ねられてさえいるようにも感じられるほどだった。

このように、EBiDANに代表される昨今の男性グループが、女性アイドル・グループの売り方を踏襲して成功している点は非常に興味深い。それは、かつて、「見る／見られる」関係のなかで、どちらかといえば見られる客体であり、たとえ見る主体として定位される場合でもおずおずと遠慮がちにその場所を占めていた女性たちが、いまや堂々と見る主体としての地位を占拠し、男性たちとよく似たテンションやパフォーマンスと、積極的な消費意欲を発揮するようになったからである。その背景にはやはり、自給自足型の、自分自身の稼ぎを好きなものに注ぎこめるようになった女性たちの経済力と、消費行動の変化があるのではないだろうか。

②2・5次元文化

つぎに紹介するのは、二〇一〇年代に隆盛を極めた「2・5次元文化」と呼ばれるエンターテインメントである。このムーブメントは、二〇〇三年に始まったミュージカル『テニスの王子様』(以下、『テニミュ』と記述する)の成功を受け、一〇年ほどかけて観劇するファンを少しずつ増やしていき静かに広がっていった。[5]『テニミュ』の場合、二〇一五年三月の時点での累計観客動員は二〇〇万人を突破し、その時期以降、テレビや新聞、雑誌など、メインストリームのメディアでも紹介されるようになった。[6]また、人気のある男の子たちが舞台を飛び出し、ネットやテレビのドラマに出演するようになっている。

こうした舞台(演劇、ミュージカルなど)は、二〇〇八年頃から「2・5次元演劇/ミュージカル」と呼ばれるようになった(須川亜紀子「ファンタジーに遊ぶ」)。二〇一四年には、一般社団法人日本2・5次元ミュージカル協会も設立され、そのパンフレットにはこれらの舞台について「日本で生まれ、熟成された「漫画アニメミュージカル」「二次元で描かれた漫画・アニメ・ゲームなどの世界を、舞台コンテンツとしてショー化したものの総称」と定義されている。[7]

2・5次元文化を広める起爆剤となった『テニミュ』に、原作の冒頭からラストまでのストーリーを六年かけて一巡したファースト・シーズン終了後、しばらくして始められたセカンド・シーズンも四年かけて終了し、二〇一五年から始まったサード・シーズンの公演のあとで、二〇二一年からはフォース・シーズンが始まっている。それぞれのシーズンでは、一〇から一五本程度の公演が展開され、各公演は二、三ヵ月にわたる長い期間、上演される。東京だけでなく大阪や名古屋、仙台、福岡などを移動しながら、多い場合では一公演で七〇回以上にもなる。

『テニミュ』の場合、最初の公演から最後の公演まで、登場人物（キャラクター）たちの構造はつねに一定のパターンで配置されている。一公演ごとに、主人公が所属するチームと、一つか二つのライバル校とのテニスの試合が行われることから、主人公の所属する学校とそのライバル校が必ず登場する。主人公の所属する学校は、ある程度の期間、同じキャストで演出されるが、それぞれの公演でメインとなるライバル校のメンバーは二、三公演ごとに切り替わる。ともすると、最初の公演から最後の公演まで、登場するキャスト数は総勢一〇〇名を超えるようになっていく。『テニミュ』の場合は、その他の2・5次元舞台とは異なり、舞台経験のあまりない若手をキャストとして迎え入れ、公演ごとに成長させていくというプロセスを踏んでいる。原作にはさまざまなタイプのキャラクターが登場するため、演じる若手俳優たちも多種多様なタイプのイケメンたちが勢ぞろいする。

それぞれのキャストについたファンは、〝卒業〟と同時に新しいシーズンの『テニミュ』のキャストに関心を移していく場合もあるし、『テニミュ』を卒業したお気に入りのキャストを追いかけて、別の2・5次元舞台や、一般向けの演劇・ミュージカルを見にいくようになることもある。(8)

③オーディション番組から生まれたボーイズグループ

男性アイドルグループのオーディションやダンスコンテストの歴史をたどれば八〇年代までさかのぼれるが、ここでは二〇二〇年前後の、デジタルメディアの空間が広がった時代のオーディションについて、ごく簡単に説明する。

この時代、ボーイズグループのオーディションの流れを作ったのは、二〇一六年から韓国の音楽専門チャンネルMnetで放送された公開オーディション番組『PRODUCE 101』シリーズの日本版『PRODUCE 101 JAPAN』の放映である。この番組のフォーマットは、番組開始までに選ばれた練習生一〇一人の中から、「国民プロデューサー」と呼ばれる一般視聴者が投票によって最終メンバーを選ぶというものである。日本版は、吉本興業、ＴＢＳテレビ、CJ ENMによって制作され、二〇一九年のシーズン１ではＪＯ１が、二〇二一年のシーズン２ではＩＮＩがデビューした。

同様に、二〇二一年にはラッパーのSKY-HI（日高光啓氏）が社長を務める音楽事務所のＢＭＳＧが、日本テレビの「スッキリ」と提携して、ボーイズグループの発掘オーディション「THE FIRST」を行った。選ばれたデビューメンバーは七人組のダンス＆ボーカルグループBE:FIRSTとしてデビューしている。その後、二〇二三年には、YouTube配信でのオーディション番組を通じて、選ばれたメンバーをMAZZELとしてデビューさせた。

さらに旧ジャニーズ事務所でも、元社長による性加害問題の後でグループの名称を変更した

timelesz（元SexyZone）が、新メンバー追加のためにオーディションを行うことを発表し、従来、事務所で養成された「ジュニア」と呼ばれるメンバーのみをデビューさせてきた当事務所の手法を踏襲せずにメンバーを追加する試みが注目を集めた。

二〇二〇年年代前後のこうしたアイドルやダンス&ボーカルグループのオーディションは、アイドルやアーティストの選別そのものを公開型のコンテンツとして、テレビなどの伝統的なメディアだけでなくインターネットメディアも駆使して展開し、その選別の過程に視聴者やファンも参加できる場合があるという点に、新規さがあると言えるだろう。もはや、選ばれた男性たちを愛でるだけでなく、自分たち自身で愛でるための男性を選別できるようになったのだ。

イケメン男性の消費・商品化が示す両義性

日本社会における女性ファンと男性アイドルについて見た上で、〈スペクタクル社会〉に話を戻すことにしよう。ドゥボールは、テーゼ一九三でこのように示している。

完全に商品と化した文化は、スペクタクル社会の花形商品となる運命にある。この傾向のもっとも進んだイデオローグの一人であるクラーク・カーは、知識の生産・分配・消費の複雑なプロセスが、すでにアメリカ合衆国の年間国民生産の二九パーセントを占めていると計算した。そして彼は、今世紀〔二〇世紀〕の後半には文化が経済発展の主導的役割――それは、今世紀の前半に自動車が、そして前世紀の後半に鉄道が果たしていた役割だった――を担うに違いないと予見している。（ドゥボール『スペクタクルの社会』一七五―七六頁）

ここまで見てきたように、若手イケメン俳優とその舞台は「完全に商品と化した文化」になっている。そしてこのような文化は、「スペクタクル社会の花形商品となる運命にある」と、ドゥボールは反復的に述べている。

一見したところ、『テニミュ』などおもに2・5次元の舞台で活躍する若手イケメン俳優たちの登場は、それまで遠くにいる憧れの対象だった男性アイドルを、ちょっとハンサムなクラスメートくらいの身近な存在であるかのように感じさせてくれるようになった。

EBiDAN、韓流の俳優やアイドル、2・5次元舞台のイケメン俳優たちのファンイベントでは、「握手会」や「ハイタッチ会」、ツーショットで写真を撮ることのできる「チェキ」と呼ばれる撮影会、一定時間握手をしたまま直接会話ができるなど、「接触系」と呼ばれるさまざまなファンサービスが提供されるようになりつつある。こうしたサービスは、女性ファンの欲望と妄想に寄り添うような催しであると考えられる。これらの現象からは、中島が一九九〇年代の終わりに描写した、おずおずと「選別の最後列」に並んでいた少年たちが、いまや消費の対象や商品として洗練され、「選別の最前列」にまでせりあがってきたことが見てとれる。

しかし、それは本当に、見る主体となった女性たちによる、見られる客体となった「イケメン」男性たちの所有や領有となっているのだろうか。

この問いかけを解くために必要となるのが、ドゥボールのテーゼ三〇(9)の「凝視される対象〔…〕に対する観客の疎外」という謎めいた言述である。彼は、次のように説明している――「観客が凝視すればするほど、観客の生は貧しくなり、観客の欲求を表す支配的なイメージのなかに観客が己《おの》れの姿を認めることを受け入れれば受け入れるほど、観客は自分自身の実存と自分自身の欲望がますます理解できなくなる」。また、ドゥボールは冒頭で、「近代的生産条件が支配的な社会では、生の全体がスペクタクルの膨大な蓄積として現れる。かつて直接に生きられていたものはすべて、表象のうちに遠ざかってしまった」とも述べている。

これらの叙述が何を示そうとしているのか、具体的に考えてみよう。

男性アイドルやイケメン俳優の追っかけやオタクをしている女性たちは、「〇〇くんのＡＴＭになる」や「これはお布施《ふせ》だから」といった表現を好んで使う。これらの台詞は、労働の対価として稼いだ給与やボーナスを、最愛の〇〇くんのために盛大につぎこんでしまうというような様子を自虐的に表現するものだ。ファンによっては、自分自身の食費や生活費、衣服や化粧品にかける費用をぎりぎりまで削り、「推し」ているアイドルや俳優へのプレゼントやグッズの購入に注ぎこんだり、ボーナスをあてにしてクレジット決済で大量のチケットを購入したりしている。

また、「沼」や「モンペ」という表現も頻繁に耳にするようになった。「沼」という言葉は、正気や判断力を失うほどある作品や人物にハマってしまって抜けだせない状態を自虐的に言い表わすものである。モンスター・ペアレンツに由来する「モンペ」という言葉は、自分の好きな作品や人物への強烈な愛情が空まわりをして、その発言や行動、ＳＮＳでのやり取りや舞台に出演している様子などに、クレーマー顔負けの駄目だしをしてしまう様子を自虐的に表現する言葉だ。

これら自虐的な言葉から見えてくるのは、これまで商品化され消費の客体にさせられ続けてきた女性たちが、そこから脱出できるだけの、「チャンスをつかみ、目的を達成できるだけの欲望、自己決定権、自信」（Harris *Future Girl* p.1）をもつようになったという自負の念である。しかし、これらの言葉は、脱出するのと同時に、彼女たちが商品資本主義の仕掛ける罠に絡めとられてしまっているという点も明らかにしている。

ポピュラー文化とジェンダーの関係を、第三波フェミニズムの立場から分析するオーストラリアの文化研究者アニタ・ハリスは、自給自足型の女性たちの姿を、「消費市民権（Consumer Citizen-ship）」（Harris *Next Wave Cultures*）という言葉で表わした。この言葉の重要性は、今日、私たちが生きる社会において、さまざまな権利を獲得した女性たちが、消費行動をつうじてしかその権利を行使できなくなりつつあることを批判している点にある。

同様に、フェミニスト・カルチュラル・スタディーズの理論家アンジェラ・マクロビーは、ポストフェミニズムの時代には、「商品化されたフェミニズム」や「商品化された女性性」という危機が生じていると述べている。マクロビーは、「若い女性たち」というカテゴリーを編成する際に、コマーシャリズムが重要な場所を占め、それどころか、女性の自由とジェンダー平等を称賛する疑似フェミニスト的なボキャブラリーを積極的に使用し、少女や女性たちの利益を受けいれているように見せかけることで、コマーシャリズムが彼女たちのかわりに語る許可証を得てさえいると今日の社会を批判している。(10)

ここに現われているのは、まさにドゥボールがテーゼ二一五で示した言葉と同じものである。ドゥボールは次のように述べていた。「スペクタクルはすぐれてイデオロギー的なものである。というのも、それは、あらゆるイデオロギー・システムの本質――現実の生の貧困化、隷属、否定――を余すところなく示して見せるからだ。スペクタクルとは、物質的に、「人間と人間の間の分離と隔たりを表現」したものである。そこに集約された「新しい詐欺の力」は、スペクタクルの生産のなかに自らの基礎をもち、この生産によって、「対象の量が増すとともに〔…〕人間が隷属する疎遠な存在の新しい領域もまた増大する」のである」。

ここで提示されている「スペクタクルは〔…〕あらゆるイデオロギー・システムの本質――現実の生の貧困化、隷属、否定――を余すところなく示してみせる」という言葉は、先に見た別の言葉「凝視される対象〔…〕に対する観客の疎外」と響きあっている。

経済的な自立や個人主義と表裏一体になった消費行動への主体の還元は、見る主体となった女性たちを商品への隷属化に導いている。たしかに、「イケメン」を商品として消費する行為は、資本主義と商品化への従属にすぎないか、さもなければ単なる浪費としてしか感じられないかもしれない。

だが、そうした消費行動をつうじて、実際のところ、女性たちはもっと多くの価値あるものを得ている。舞台やコンサートなど、ナマの体験に参加できる時間と空間を購入するために対価を支払うことは、彼女たちにある種の自尊心と満足を与え、欲求の昇華をもたらす。また、つらい労働に従事している時間を耐え抜くためのエネルギーとして、自分たちの好きなものへの金銭の投入は行われているかもしれない。さらに、ファン活動は、同じものを好きな仲間たちとのつながりを生成し、交流を生み出している。

冒頭で引用したドゥボールのテーゼ四「スペクタクルはさまざまなイメージの総体ではなく、イメージによって媒介された、諸個人の社会的関係である」(『スペクタクルの社会』一四頁)という言葉がまさに示すとおり、イメージによって媒介された諸個人の社会的関係として、「スペクタクル」は私たちの前に差しだされている。

その差しだされているものをチョイスし、快楽を得られる自由と、経済的な消費に服従させられていく従属化との葛藤のはざまで、今日の女性たちは生きていかざるをえない。男性アイドルを消費し、経済力を誇示するという魅力に囚われた女性たちが、消費への従属化から脱出するのは、おそらく想像以上に困難なことであるだろう。そしてそれは、フェミニズム運動以後のポストフェミニズム社会を生きる私たちに突きつけられている困難さでもある。

そこに立ち現われてくるのは、自分たちを救出してくれるもの、そして、欲望の対象であるものが、新しい疎外の社会的条件になっているかもしれないという厳しい生と現実である。このような条件と、どう折りあいをつけ、交渉し、可能であれば出し抜くことができるのか、ドゥボールのテーゼ二〇八[11]に示された「転用」にまつわるフレーズは、その点について、微かな希望を与えてくれているように感じられる。

ドゥボールは、転用についてこのように述べていた――「それは、自己のコンテクストや自己の運動から、そして最終的には、包括的参照枠としての自らの時代からも、また正しく認識したものであれ錯誤によるものであれ、その参照枠の内側でのかつての的確な選択からも切り離された断片である。転用とは、反‐イデオロギーの流動的言語なのである。それは、自らを保証するものが自らのなかに――決定的に――あるとは断言できないことを自覚したコミュニケーションのなかに現れる。極端な場合、それは、批判を超えた古い参照枠にはその存在すら確認できない言語である。むしろ逆に、この転用の一貫性――それ自身のうちでの、また実践可能な事実との――によって、それが蘇らせた真理の古い核が確認される」。

＊

ここまで、ギー・ドゥボールの『スペクタクルの社会』を参照しながら、第二波フェミニズムによって社会参加の権利を獲得した女性たちのその後の問題について、「イケメン男性」の消費という切り口から論じてみた。

かつて、「見られる客体」としてしかメディア文化や表象の世界に登場することの許されなかった女性たちであるが、今日では、「見る主体」としての地位を占めるようになってきた。その背景にあるのは、ある程度の経済的・社会的な自立の獲得、また晩婚化の進行、結婚後も仕事を続ける女性やシングル世帯の増加といったライフスタイルの変化である。

見られることによる搾取から逃れ、「見る」という権力を手に入れ、消費主体としての地位を確立した女性たちは、今日、新しい形態での男性アイドルの消費活動に参入している。その代表的な事例として、本章ではいくつかの形態で商品化された男の子たちと、彼らを応援している女性たちについて紹介した。

消費主体の地位を手に入れた女性たちにとって、これらの「イケメン男性」たちはスペクタクル社会の重要な商品として目の前に示されるようになったが、それと同時に、その過度な応援スタイルが消費行動への女性たちの従属や、スペクタクルな商品である男性たちからの疎外という逆説的な結果も導きだしている。

フェミニズム運動の結果として、従属的な社会的地位から離脱することのできた女性たちが、手に入れた資本の力を行使し、誇示することを選択した結果、今度は「イケメン男性」の消費や商品化に従属させられていくというのが「スペクタクル社会」の狡猾《こうかつ》さであり、私たちはそれに抗するための叡智を獲得していかなくてはならない。

注

（1）オリックスの選手のアイドル化に関するメイキング映像を見ることができる。キュート派の選手：「【オリ姫デー #B_CUTE】キュートなオリメンアイドルになるまでのメイキング！」https://youtu.be/6KQ9IvBg5Xk、クール派：「【オリ姫デー #B_COOL】まるで韓国アイドル⁉ クールすぎるメイキング！」https://youtu.be/Kvn6WJfFO3U（どちらも最終アクセス二〇二四年六月一五日）

（2）内閣府男女共同参画局ホームページより https://www.gender.go.jp/about_danjo/whitepaper/r05/zentai/html/zuhyo/zuhyo00-03.html（最終アクセス二〇二四年六月一五日）

（3）内閣府男女共同参画局ホームページより https://www.gender.go.jp/about_danjo/whitepaper/h27/zentai/html/zuhyo/zuhyo01-02-02.html（最終アクセス二〇二四年六月一五日）

（4）当時の批評は、中島梓『美少年学入門』（集英社文庫、一九八七年）にまとめられている。評論家中島梓は、小説家栗本薫として数多くの作品を残しているが、その中でも、今日のＢＬジャンルの起源ともいえる『真夜中の天使』（文藝春秋、一九八二年）を執筆した際には、いわゆる「美少年」が登場する物語を展開することで自らの批評そのものを自らの手で実践した。

（5）『週刊少年ジャンプ』で連載されていた漫画『テニスの王子様』を原作とする。

（6）『東京新聞』二〇一六年一月三一日朝刊の二六―二七面での報道、『ユリイカ』総特集＝２・５次元――２次元から立ちあがる新たなエンターテインメント（二〇一五年四月臨時増刊号、青土社）、『ダ・ヴィンチ』（二〇一六年三月号、KADOKAWA）での特集など。

（7）一般社団法人日本２・５次元ミュージカル協会公式ホームページ http://www.j25musical.jp/user/download/J2.5DMA_pamphlet.pdf（最終アクセス二〇一五年一〇月一〇日）

（8）『テニミュ』など２・５次元演劇の出身俳優たちが複数出ているさほど内容のない微妙なクオリティの舞台を、ファンが「イケメンわらわら」の舞台などと揶揄することもあった。

（9）凝視される対象（それは、観客自身の無意識的活動の結果なのだが）に対する観客の疎外は次のように言い表される。「観客が凝視すればするほど、観客の生は貧しくなり、観客の欲求を表す支配的なイメージのなかに観客が己れの姿を認めることを受け入れれば受け入れるほど、観客は自分自身の実存と自分自身の欲望がますます理解できなくなる。活動的な人間に対するスペクタクルの外来性は、観客の身振りがもはや彼自身のものではなく、自分に代わってそれを行っている誰か他人のものであるというところに現れてくる。それゆえ、観客はわが家にいながらどこにもいないような感覚を覚える。というのも、スペクタクルはいたるところにあるからである。」（テーゼ三〇）（ドゥボール『スペクタクルの社会』二八頁）

（10）McRobbie "Young Women and Consumer Culture" p.532

（11）「転用とは、引用や、引用されるようになったというただそれだけの理由から常に偽造される理論的権威とは正反対のものである。それは、自己のコンテクストや自己の運動から、そして最終的には、包括的参照枠としての自らの時代からも、また正しく認識したものであれ錯誤によるものであれ、その参照枠の内側でのかつての的確な選択からも切り離された断片である。転用とは、反‐イデオロギーの流動的言語なのである。それは、自らを保証するものが自らのなかに決定的に――あるとは断言できないことを自覚したコミュニケーションのなかに現れる。極端な場合、それは、批判を超えた古い参照枠にはその存在すら確認できない言語である。むしろ逆に、この転用の一貫性――それ自身のうちでの、また実践可能な事実との――によって、それが蘇らせた真理の古い核が確認される。転用は、現在の批判としてのその真理の外部に自らの根拠を置いたことは決してないのである。」（テーゼ二〇八）（ドゥボール『スペクタクルの社会』一八五―八六頁）

参照文献

金賢美「二〇〇二年ワールドカップにおける〈女性化〉と女性〈ファンダム〉」坂元千壽子訳『現代思想』第三一巻一号、二〇〇三年、一六一―二八頁須川亜紀子「ファンタジーに遊ぶ――パフォーマンスとしての二・五次元文化領域とイマジネーション」『ユリイカ』第四七巻第五号、二〇一五年、四一―四七頁
ドゥボール、G『スペクタクルの社会』ちくま学芸文庫、二〇〇三年
中島梓『タナトスの子供たち――過剰適応の生態学』ちくま文庫、二〇〇五年
マルヴィ、L「視覚的快楽と物語映画」斉藤綾子訳、岩本憲児・斉藤綾子・武田潔編『「新」映画理論集成1――歴史・人種・ジェンダー』フィルムアート社、一九九八年、一二六―一三九頁
Harris, A. *Future Girl: Young Women in the Twenty-First Century*, Routledge, 2004
Harris, A. ed. *Next Wave Cultures: Feminism, Subcultures, Activism* (Critical Youth Studies), Routledge, 2007.
McRobbie, A. "Young Women and Consumer Culture: Anintervention," *Cultural Studies* 22: 5, 531-550, Routledge, 2008.

第8章
娯楽と恥辱とルッキズム

ルッキズムとジェンダー

あなたが女性としての性自認とともに生きてきたとするのなら、たとえどのような容姿をしていたとしても、その美醜を問わず、見た目や体形に関する心無いコメントや中傷を受けて成長してきたことだろう。侮蔑の言葉は若い女性だけに直接的に放たれるわけではない。どんな女性であってもそれぞれの年齢に応じて、多彩な侮蔑の言葉が投げつけられる。

「あいつブスだよな」、「お前、なんで髪伸ばして女らしくできないんだよ」、「太りすぎだ」、「服がダサい」、「その顔で良く自撮りを晒せるな」、「あのアイドル、劣化したよな」、「ババア」、「胸垂れてきたな」、「太い足」、「美人のフェミニストなら話を聞いてやるよ」——書き連ねながら眩暈《めまい》を起こしそうになるが、これらは日常の会話やネットの書き込みにおいて頻繁に使用されている発話のごく一部を切り取ったにすぎない(1)。

最近では、容姿への中傷が女性を対象とするだけでなく、アイドルや俳優など消費対象とされる男性や、政治家やテレビに出演する男性タレントなどにも向けられるようになった。男性アイドルや2・5次元ミュージカルに出演している男性俳優をけなすために「ブス」、「ブサイク」などと表現する中傷の文化が形成されつつある。例えば、自民党のある県議が衆院選の男性候補者選びに絡めて「若い細いかっこいいが有利だ」と発言したそうである——ちなみにこの男性県議は「もう一つ大事な要素があった。女、女子」とも発言している(2)。「美貌」や「スタイルの良さ」といった身体的風貌《ふうぼう》を基準とした人間の選別と差別を示す「ルッキズム」は、長い年月、女性たちを傷つけてきただけでなく、今日においては男性たちにもその攻撃の手を広げ始めている。いまや外見を整えたり、ファッショナブルなスタイルを保ったりするボディワークは、ジェンダーの垣根を越えて、ファッション - 美容複合体の巨大なマーケットと化している。今日の社会において、個人の身体は資本主義最大の、そしておそらく最後の開拓地なのである。

とはいえ、冒頭で示したように、ルッキズムがその選別機能を、男性よりも女性に対してより苛烈に行使している事例を挙げることは、さほど難しいことではない。女性たちはそもそも「女性」に「見える」ということによって暴力や差別に晒され、さらには十分に整った容姿ではないように「見える」ということでさらなる抑圧を受け、二重に機会を失っている。事実、ルッキズムが雇用選別／差別の新たなフロンティアになっているという調査研究は、数多く行われている（Takáč "Current issues in aesthetics and beyond" p.60）。

「美しさ／醜さ」によって女性たちがどれほど抑圧されているかという点について論じたものとしては、ナオミ・ウルフによって一九九一年に刊行された『美の陰謀――女たちの見えない敵』がもっともよく知られている。この本の中でウルフは、一九七〇年代から二〇年ほど続いた第二波フェミニズムが、女性たちを固定された性役割からの解放へと導き、成功へと誘ったにもかかわらず、やがてその成功が「自己管理もできて、魅力的で」あり続けることへと巻き込まれ、「自己嫌悪と、肉体にまつわる強迫観念と、年をとることとの恐怖と、自己管理ができなくなることへの不安」に取りつかれていった点を明確に指摘している（『美の陰謀』一二頁）。ウルフによると、「美のイデオロギー／神話」はフェミニズムの勝ち取ったあらゆる成果を覆そうともくろみ、フェミニズムの遺産を食い尽くそうと画策しているのである。これは、今日では「ポストフェミニズム」という言葉によって知られるようになったイデオロギーの一つを、最も早い時期に指摘したものである。

女性たちを差別する指標は、外見的美醜だけとは限らない。ルッキズムと同軸で発生しうる現象として、そのほかにも性のステレオタイプから逸脱している人物（主に女性たち）に対する非難や制裁を加える「スラット・シェイミング（性差別的な侮辱）」という差別現象も今日の社会においてますます広がりつつある。日本においては、ＪＯＣの評議委員会で女性理事を増やすよう求められた際に、まさに森喜朗の「わきまえておられる」という発言が、間接的に「わきまえていない（とされる）女性」への差別を扇動していたといえるだろう。[3]

ルッキズムの定義と歴史

耳目《じもく》を惹くようになったルッキズムという言葉であるが、それはどのような概念なのだろうか。ルッキズムとは第一義的に、心理的・文化的・社会的基準に照らしてみたときに、身体的な魅力がないとされる人々への差別として定義される。この言葉は文字通り、外見に基づく差別の一般的な形態を示しており、魅力的すぎるという理由で差別されたり、着ている服のセンス（の悪さ）のために差別されたり、たまたま特定の瞬間やコミュニティや地域で望ましくないと考えられているその他の表現型の要素のために差別されたりするケースを含んでいる。結局のところ、この言葉はなによりもまず身体的に魅力がないと思われるあらゆる人々に対する差別を指すために用いられてきた（Minerva "Lookism" p.1）。

ピーター・タカーテ（前掲書 p. 59）によると、ルッキズムとは比較的新しい言葉であり、「人間のあらゆる身体的風貌を基にした差別」という古くからある現象を描写するために使われるようになった。ルッキズムという言葉が最初に使用されたのは、一九七八年である。ファット・アクセプタンス運動[4]が台頭した際、肥満といった見た目や外見によって人々を差別する行為を示すために、ファット・プライドを主張する人々がこの言葉を生み出したのだと『ワシントンポスト』紙が報じている（Minerva 前掲書 p.1; Takáč 前掲書 p. 59）。

「セクシュアル・ハラスメント」や「ドメスティック・バイオレンス」といった言葉の登場が実践してみせたように、新しい語彙が生成され使用されることによって、それまでも存在していたにもかかわらず不可視化されたままになっていた現象が可視化されることがある。アメリカ合衆国のいくつかの都市においては、一八六〇年代から一九七〇年代までにかけて「アグリー・ロウ」として知られる、醜い容姿、ないしは見苦しい姿をした病人や貧者を公衆の目にさらすことを禁じる法律が存在し、外見や容姿に基づく差別は長らく公然と行われてきた。しかし、今日では外見をめぐる侮辱や中傷は、新しい種類の差別として法的紛争にまで発展するようになり（Liu "Discrimination and Lookism" p.276）、ルッキズムを「新たな人種差別《ニュー・レイシズム》」であり文明社会から追放されるべきであると主張する人たちもいる（Salkeld "Didn't get the job? Blame 'lookism', as discrimination against the ugly 'is the new racism'" の議論を参照）。

ミネルヴァは、あらゆる人々によって無意識のうちに行われている差別であるにもかかわらず、ルッキズムはこれまで性差別や人種差別ほどには学術的にも社会的にも注目を集めることがなかったと指摘している（Minerva 前掲書 p. 2）。確かに、職場や学校で公然と性差別や人種差別に類する発言を行えば直ちに社会問題や政治問題として議論される一方で、容姿を侮辱するような発言については「個人の主観」に過ぎないとして放置されてしまうこともある。しかし、ルッキズムを社会構造の問題として捉えてみるならば、ルッキズムの遂行にはジェンダー間の不均衡さ（男性から女性への容姿に基づく差別が非常に多いということ）、そして人種間の不均衡さ（非白人的な容姿の特徴よりも、白人的な容姿の特徴とされているものの方がより美しさに近いと考えられていること）が伴われていることに留意しなければならない。

さらに、美しさは階級や社会的成功の印《しるし》と結びつけて語られる傾向がある（Takáč 前掲書 pp.62-64）。メディア文化の中でそれは、「成功」と深いかかわりがあるかのように表象される。「完璧な身だしなみ」、「ファッションのセンス」、「輝く肌と髪」、「控えめなふるまい」などは、所得や社会階層との相関関係のなかで婉曲的に論じられる（例えば、ベストセラーになったある自己啓発系のマナー本では、外見の見栄えの良さや場をわきまえた控えめなふるまいが、「育ちの良さ」という観念と結びつけられて称賛されている）。もし「生まれたまま」の容姿で太刀打ちすることができないとしても、金銭的な余裕さえあれば身体の強化のために美容技術や効果の高い化粧品などに投資することは可能だ。美しさは金銭的・文化的投資によってある程度まで補完できるのだ。その反面、「「よい見た目」を得るためには労力とお金がかかる。もとから暇もお金もない人は、ルッキズムがはびこる社会ではさらに不利な立場に置かれる」（小手川「見た目差別の何が問題か？」五五頁）ということも忘れてはならない。

「外見」というものが多くの層から構成されているため、ルッキズムはその言葉のもつキャッチーな印象ほどには単純な現象ではない（Liu 前掲書 p.277）。たしかに顔貌の美醜一つとっても、なにがその良し悪しを決定しているのか説明することは困難である。「美しさ」や「醜さ」というのは、シンメトリー、黄金比、目鼻口の形や配置、歯並び、肌の色や張り、髪の色や艶、頭部のサイズ感や身体とのバランスなど、複数の要素から判断される。全身で美醜を評価するとなれば、身長、体重、手足の長短、姿勢、プロポーションなど、一層多くの要素の組み合わせによってそれは判断されることだろう。美醜の判定とは極めて複雑なプロセスである一方で、細かな基準の組み合わせには確たる根拠が置かれず、「ルックスのよさ／わるさ」が主観的かつ直観的に判断される場合もある。

リューによると、ルッキズムが行使される際に人の外見によって判断されているものは、三つの層に分類できるという。第一に、外見というのは人間の見た目の魅力を判断する基準となる。しかし、それは同時に、人間の道徳的な性格や人格を判断する基準として用いられ、さらに今日においてそれは、その人が能力をどれだけ発揮できるかを判断する基準として機能する（Liu 前掲書 pp.277-81）。ここでリューがルッキズムによる判断を〈外見 - 人格 - 能力〉の三層としているのは、今日の視覚文化と私たちの容姿の問題であるルッキズムとの関係について考えてみる際には極めて重要なものとなる。私たちは従来、その能力や人格に基づいて評価され、「何者であるのか」ということが示されてきたはずである。

しかし今日のような視覚優位の社会において、この関係は転倒させられる。バネット＝ワイザーが述べているように、ルッキズムをもはや「本物らしさは内面に宿り、外見は単なる表出やパフォーマンスでしかなく、物質的なモノ（そしてより具体的にはマルクスが雄弁に指摘しているように資本主義）によって堕落させられている」（Banet-Weiser *Authentic*™ p.10）というような、内面と外見という牧歌的な二元論の問題として考えることはできない。今日の視覚中心／優位の文化のなかでは、内面の良し悪しが外見の評価に反映されるのではなく、むしろ外見こそが内面を規定するものとなり、見えるものこそがその人自身の本質的なものであると捉えられているからである。現代のメディア文化とデジタル・コミュニケーションの時代には、「メディア放送局とシステムは基本的にどんな経験であっても視覚化し、容易に取り込んでしまう」（Banet-Weiser *Empowered* p.233）。私たちはいまや、自分が何者であるのかを説明する必要はなく、ただその姿を衆目に晒しさえすればよいのである。

こうした社会において、メディアは視覚的に人々を可視化させ、評価し、序列化し、さらには差別するためのルッキズムの働きを加速させる重要な装置と化していく。私たちは視覚化された「外見」によってその人格を推測され、その能力を判断されさえする。文字通り、「人は見た目が九割」――どころか、「私たちは見た目がほぼ一〇割」という過酷な社会に、ただ一人の個人として投げ出されているのだ。

とはいえ、ルッキズムの指標――何が美しく、何が醜さの要素であるのかということ――を端的に指摘することは困難である。また、それは世界的に共有された指標や基準であるのか、時代を超えて維持され、変化・変容することのない指標や基準であるのか、という問いに答えることも難しい。それは人間の感性に基づくものなのか、それともブルデューの言う実践感覚やハビトゥスのように社会的に構築され、獲得されたものであるのだろうか？

美醜についての感覚は極めて個人的で倫理的、そして道徳的な問題である一方で、それはつねに間主体的に構成されていると指摘してみることもできる。確かに、美しさや醜さを構成している要素が何であり、誰が美しく誰が美しくないのかという問いに対して、私たちはある種の共通感覚をもち、つねにそうした感覚に賛同しない人の存在につきまとわれながらも、ある程度までは合意可能なものであると考えている（Langlois et al. "Maxims or Myths of Beauty? A Meta-Analytic and Theoretical Review"）。「俳優Aよりも俳優Bの方が美しい」という主張について合意を形成することは困難であるかもしれないが、「俳優Aも俳優Bも美しい」という意見についてはある特定の言語圏や文化圏において概ね合意されうるだろう――という意味において、私たちは社会的・文化的に共有されたある種の美醜の基準を、学習しながら生活しているのである。このように、美的判断がつねに「個人の嗜好」を超えた共通性をもつという点が、「ルッキズム」を問い直さなければならない重要なポイントとなる。外見の美醜感覚というものは、まるでブルデューの「ディスタンクシオン」の世界を構成している卓越化の感覚のように、社会的・文化的に構造化され内面化されている。

また、美的判断は恋愛の際に重要なだけである、と考えるのは誤りで、むしろそれ以外の多くの社会生活において、容姿の美しさは人間に様々な利益を与えている。例えば、外見が魅力的な人はより良い職に就くことができる、より知的でフレンドリーな人物であると判断され（これはすでに指摘したように、外見／内面の転倒の最たる例である）、より多くの助力を得ることができ、叱責を受ける際にも手心を加えてもらいやすい、など（Minerva 前掲書 p.3）。

ケイト・マンの『ひれふせ、女たち』の中にも、ジェンダーと見た目による複合的な差別の事例として、管理職採用面接に関する実験が紹介されている（三三一―三三二頁）。男性優位の産業において高い地位を占める男性および女性従業員それぞれの人物プロフィール（同等のキャリアと有能さを示す情報）を実験の参加者に与えた場合、女性従業員よりも男性従業員の方が有能であるという印象をもたれ、逆に女性従業員は女性であるにもかかわらず高い学歴と実績をもっていることから敵対意識が高くなるとの評価を得たというのである。

いまやルッキズムは、単に差別を助長する個人的で主観的な基準であるに留まらず、その基準に基づいて外見的魅力のある人たちがそうではない人たちにくらべて優遇されるという社会構造全体の問題であり、それはメディアの働きによってグローバルな現象となっている。個人的な美醜感覚に関する議論については倫理学や哲学専門の方たちにお任せすることにして、ここからはより文化的で社会的な問いとして、メディア文化が現代社会においてルッキズムを生み出し、拡散している最大の装置となった点について考えてみる。

娯楽と恥辱とルッキズム

今日に至るまで、ルッキズムの蔓延にもっとも貢献してきたのはテレビや雑誌とそれらが作り上げた文化であることは間違いない。「女子アナ」という存在や「美人○○」、「美人すぎる○○」といった表現は、写真や映像などの視覚メディアが存在しなければ生まれることはなかっただろう。ニュースを読み、リポートをする「アナウンサー」という職業に女性が就く場合に、男性がその職に就く場合よりも外見の美しさや清潔感（や場合によっては処女性）[5]が多く求められるのはなぜなのだろうか？「アナウンス」とは声にかかわる仕事であり、その労働に外見的な美しさは必要ではないはずなのに。

二〇二一年東京オリンピックでのテレビにおける中継や報道はネット空間に拡張されたが、そこでは、ウクライナの女子選手たちが「美しすぎる柔道女王の素顔　ダリア・ビロディドに迫る」（『日刊スポーツ』[6]）、「「美しすぎ！」と絶賛の嵐。アーティスティックスイミングのウクライナ代表に釘付け！」（『FORZA STYLE』[7]）など、競技やアスレティックなパフォーマンスとはまったく関係のない容姿を主軸に置いた見出しとともに紹介されていた。[8]男性アスリートへの称賛は、そのアスレティックな〈能力〉や記録、アスリートとしての立派な〈人格〉に対して与えられる一方で、女性アスリートを褒め称える際には〈外見〉中心の語句が選び出される、というのは今世紀の初めくらいまで、スポーツ・ジャーナリズムが無邪気に行ってきた報道の一形式である。女性アスリートをその外見によって誉めるような記事は、新聞やテレビなどの従来型メディアからは消えつつあるものの、いまやそれがネットの言論空間に拡大しているのである。

「エイジズム」という軸も、「美しさ」をめぐる選別と差別を助長するものとして機能している。テレビのフレームの内部においては「若い女性」しか表象されないということがあまりにも平然と行われているため、その偏向性に気づくことは難しい。日曜日の朝、ベッドから起き上がりリモコンでテレビを点けると『サンデー・ジャポン』のひとコマがモニターに映る。テリー伊藤とデーブ・スペクターの隣に容姿の整った年若い女の子たちが並んでいるのをぼんやりと眺める。最年長の女性は鈴木紗理奈か壇蜜か――壇蜜のアルカイック・スマイルと痩躯《そうく》が、ある程度の年齢を重ねた女性がテレビのフレーム内に存在し続けるための終わりのない努力の結晶のように見え、痛々しく感じられてチャンネルを変えてしまう。

娯楽番組のひな壇には様々な年齢層の男性が座る一方で、女性たちは二〇代からせいぜい三〇代までしか登場しない。テレビ画面の中にそれより上の年代の女性たちが存在する場合には、そのほとんどが「実年齢よりも驚くほど若く見える」か、「限界ぎりぎりまで贅肉をそぎ落とした細く優雅な姿」をしている。(9) しかし、私たちはこうした風景にあまりにも馴染みすぎてしまっていて、「ルッキズム」や「エイジズム」などの言葉を起動させない限り、日常的なメディアの風景に違和感を覚えるようなことはない。ただし、こうしたことは日本のメディア文化に限ったことでない。海外の娯楽メディアの世界でも同じことが起きていて、映画におけるジェンダー不平等の分析画像（Gender Inequality in Film Infographic Updated in 2018）などに示されているように、[10]ハリウッド映画の世界もまた、美しくて若い女性ばかりが表象されているのである。老いていく渦中の女性の姿がメディア表象として描かれないことから、そもそも「女性の老い」というものに関する私たちの認知はゆがめられている可能性がある。だからこそ、女性の俳優やアイドルが加齢したことに対して、「劣化」という表現が使われたりもするのだろう。

レイモンド・ウィリアムズが「残滓的」という概念を用いて述べているように、古いメディアによって作り出された形式が、新しい技術に流れ込む――ウィリアムズの表現を借りるなら「進化というより適応」（『テレビジョン』八八頁）の状態――ということは、メディア技術の発展と変容の過程で必ず起こる現象である。もしくは、テレビ的視覚表現とその支配を、非公式な形で補完するのがソーシャル・メディアの役割になりつつあると指摘するべきであるかもしれない。事実、テレビや雑誌、新聞といった従来型メディアの世界が常態化させたルッキズムのイデオロギーは、SNSの空間を通じて、まずはセレブリティ（有名人）を直撃し、さらには私たち一人一人の日常生活にまで拡張されている。

ジェンダー平等への意識が高まりつつある昨今、私たちの外見の美醜を露骨に示唆するような表現は、新聞やテレビからは消えつつある。しかし、視覚中心のいわゆる「マスメディア」が作り出した美醜をめぐる表現形式は、インターネットの世界へと流出し、循環し、拡大再生産され続けている。さらに、COVID-19の世界的流行の後、ZoomやMicrosoft Teamsを通じて仕事や社交を行う際に、私たちはつねに自分自身の顔を直視させせられるようになった。SNSを開けば、素晴らしく美しい他人の写真(いまやそれが加工されているかどうかはほぼ問題視されない)が視界に飛び込んでくるし、楽し気な自撮り写真をアップすれば、容姿やスタイルを侮辱する言葉がコメントとしてはね返ってくる。対面式のコミュニケーションの際には見なくてもすむはずの自分自身の顔をオンラインでは直視させせられつづけ、絶えず掻き立てられる容姿や身体への不安は総括的に「オンライン・シェイミング」と呼ばれ、グローバルなヘイト現象になりつつある(Takáč 前掲書 pp.60-61)。

その地位や立場に必要のない「美しさ」や「若さ」が女性にのみ要請される一方で、一定の基準に達していない女性の容姿や体形はテレビの中では笑いやバッシングの対象とされてきた。女性芸人への「ブスいじり」や、同じく東京五輪の準備段階に、開会式でお笑い芸人の渡辺直美氏を豚に変身させるという「オリンピッグ」案を提起したとリークされて辞任した佐々木宏氏の案件に見られるように、美しさが「絶賛の嵐」にさらされる人々とセットで、その容姿やスタイルが晒し上げられ、嘲笑され、侮辱の対象となる人々もまた存在し、そのどちらもが娯楽の一様式となっている。

ラッパーであるちゃんみな氏の「美人」という曲には、一七歳の時から受け続けたSNSでの容姿に関する誹謗中傷の体験が織り込まれている――「己を知りなさい Bitch」「醜いブスが歌ってんじゃないよ」。私たちはまた、ＳＮＳでの誹謗中傷を苦に自死を選んだ木村花氏のことを思い出すかもしれない。ちゃんみな氏も木村花氏も、どちらもミックスルーツをもつ人たちであるという点は、ルッキズムの問題を論じるときに重要だ。ルッキズムには「ミックスであること」――人種の問題がつねに混ぜ込まれる。ルッキズムは、一瞥《いちべつ》するだけで分かったような気になれる外見的特徴によってカテゴライズされる集団への評価と差別のために行使されることから、「女性」や「不美人」だけでなく、「被抑圧的な人種的集団」がそのターゲットとなりやすいのである。人種差別の遂行が語られる際に「ルッキズム」という語彙を用いることは奇異に感じられるかもしれないが、おそらく、外見（特に肌の色）こそを基準点として、数多くの侮蔑発言が行使されてきたし、現在進行形で行使され続けている。「白人」と「非白人」、「日本人」と「非日本人」とを区別し、監視し、差別するものは、つねに視覚的なイメージである。

メディア文化の中に充満するルッキズムのイデオロギーは、外見に基づく差別を実行するだけにとどまらず、私たちの（とりわけ女性たちの）身体の取り締まりを行い処罰をもたらす重大な基準にもなっている。ルッキズムは「見ること」に依拠する選別の基準である。「見ること」は、「どのようなものであるべきか」を規定し、その規定に沿わないものを監視し、処罰することに奉仕する。ルッキズムが「見ること」によって支えられている以上、この管理及び統制において、メディア文化は大きな力をもっている。メディア文化のもつこの大きな力について、マクロビーは、次のように指摘する。

私たちは、メディアが生政治的なやり方で、つまり、忌まわしいものとしてコード化されている身体や行動や外見にきめ細かくパノプティコン的に注目するのを目の当たりにするだろう。パノプティコン的な注目は服装、髪型、態度などの細部にまで及んでいる。[11]（マクロビー『フェミニズムとレジリエンスの政治』一六七頁）

こうした「視覚の統治性」（前掲書）は、娯楽と恥辱という二つの軸のバランスをとりながら展開されていく。例えば、Netflix の人気コンテンツ『クィア・アイ』のような番組は、イケてるゲイ男性が、冴えない男たちの「服装、髪型、態度などの細かいディテール」を指導し、改善することで、ある種の見た目やふるまい方が恥ずかしいものとされ、社会に適合するためにはあまり望ましくないことを示しながら娯楽を成立させている。

YouTube を立ち上げれば、外見の特徴を欠点としてあげつらい、コンプレックスを刺激して商品を購入させようとする動画広告を強制的に見せられる。「その二重アゴ、デップリたるんだ腹、気持ち悪い」、「ブツブツだらけのお前がどうやったら彼女できんだよ」、「年取ってババアになった奥さんと違って、お前は若くてかわいいな」――容姿や体形を卑下したり、体毛や年齢を醜いものとして嫌悪したりするなど、今日の広告は特定の容姿や特定の体形以外を恥ずかしいものとして貶め、身体と美をめぐる「脅迫」と「恫喝」によってボディワークへと私たちを駆り立てる。

ウルフは「美の神話」が、その完全なる理想的な美にいかに女性たちを向かわせ、いかに苦しめるか論じたものの、「美」を身にまとう、もしくは「美」を目指すこと自体が問題であるわけではないと結論付けていた。そして、動物でも身づくろいをするし、あらゆる文化が装飾品を使用していることを理由に、身を飾ることや、セクシュアリティを表現すること自体が人を傷つけるわけではないと述べている。その上でウルフもまた、「美の神話」が人を傷つける際には「恥辱」が深くかかわっていると指摘していた。

女性のセクシュアリティが、内側から発する正当な情熱として十分認められ、欲望の対象として選ばれた者に恥辱を感じることなく向けられれば、女性が性的表現豊かな服や態度を身につけても、それが女性を辱めたり、非難したり、美の神話の嫌がらせのために利用されるということは、もうなくなるだろう。（ウルフ『美の陰謀』三三四頁）

残念ながら、私たちの社会はまだ、ウルフによる希望的な見通しには到達することができていないようだ。

注

（1）女子大で勤務していたおかげで、若い女性たちから「目の前で男性から容姿を貶された経験」についてたくさんの告白を受けてきた。彼女たちはみな、コンプレックスを抱く必要などまったく感じられない（と私には思われる）、現代的でかわいらしい女の子たちである。にもかかわらず彼女たちのほとんどが、中学や高校に通う一〇代の頃に同級生の男の子たちから「ブス」、「女らしくない」などといった侮蔑の言葉を直接（しかも複数回にわたって）投げつけられ、就職した後には上司や管理職の男性から「なまいきだ」や「かわいげがない」といった言葉をぶつけられ、容姿だけでなく自分自身の人生への自信も失っていった経験があると語っている。

（2）「衆院選候補選び「大事な要素は女、女子」県議が発言」『朝日新聞デジタル』二〇二一年八月二六日 https://digital.asahi.com/articles/ASP8V744NP8VPISC00K.html（二〇二四年六月一八日最終アクセス）

（3）「「女性がたくさん入っている会議は時間かかる」森喜朗氏」『朝日新聞デジタル』二〇二一年二月三日 https://www.asahi.com/articles/ASP235VY8P23UTQP011.html（最終アクセス二〇二四年六月一八日）

（4）ファット・アクセプタンス運動については碇陽子『「ファット」の民族誌』を参照のこと。ルッキズムの問題はおそらく「ファット・スタディーズ」や健康イデオロギーと交差させながら議論される必要があり、それは今後ますます課題となるだろう。「体重はジェンダー、人種、エスニシティ、社会経済、性的指向といったコンテクストのなかで吟味されるべきだ」（一四三―四四頁）という主張は、まさにルッキズムが示す問題域と重なり合っている。

（5）日本テレビから内定を受けていたアナウンサーの笹崎里菜氏が、「過去に母親の知人が経営する小さなクラブにおいてホステスのアルバイトを短期間していたこと」について「アナウンサーに求められる清廉性に相応しくない」ことを理由に内定を取消された件に、こうしたことが如実に現れている。内定を取り消された笹崎氏は二〇一四年一一月に東京地方裁判所へ提訴し、二〇一五年一月に東京地裁による和解の勧告を受け入れ、四月に入社することになった。

（6）「【復刻】美しすぎる柔道女王の素顔　ダリア・ビロディドに迫る」『日刊スポーツ』二〇二一年七月二四日 https://www.nikkansports.com/olympic/tokyo2020/judo/news/202107230000302.html（二〇二四年六月一八日最終アクセス）

（7）「「美しすぎ！」と絶賛の嵐。アーティスティックスイミングのウクライナ代表に釘付け！」『FORZA STYLE』二〇二一年八月六日 https://forzastyle.com/articles/-/62501（二〇二四年六月一八日最終アクセス）

（8）コメント欄には、ウクライナ女子選手の「美しさ」を称賛する声だけでなく、女性アスリートの外見への言及を見出しにするような報じ方はまさしく「ルッキズムである」と批判する書き込みも多くみられた。このことは、ルッキズムがまさに喫緊の論争地点であることを示していると言えるだろう。

（9）筆者もアドバイザーとして協力しているNHK放送文化研究所による「テレビのジェンダーバランス」調査においても、テレビニュースに登場する女性の多くが二〇代から三〇代、男性の場合は四〇代から五〇代に偏っているということが量的に実証されている。つまり、テレビ番組というのは多くの場合、経験豊かな男性と若い女性の組み合わせによって組み立てられているのだ。（NHK放送文化研究所による https://www.nhk.or.jp/bunken/index.html の記事を参照のこと）

（10）Gender Inequality in Film Infographic Updated in 2018, NYFA https://www.nyfa.edu/film-school-blog/gender-inequality-in-film-infographic-updated-in-2018/（最終アクセス二〇二四年六月一八日）

（11）マクロビーは二〇二〇年に刊行した *Feminism and the Politics of Resilience : Essays on Gender, Media and the End of Welfare*（『フェミニズムとレジリエンスの政治』田中東子・河野真太郎訳、二〇二二年、青土社）で、ポピュラー文化とメディアを通じて反福祉国家イデオロギーと自己責任化に関するポピュラーな道徳がどのように広がっているのか、そして社会格差が広がり、社会がますます断片化されていくにつれて、規範的な理想としての女性性がどのような役割を果たしているのかということを分析している。

参考文献

碇陽子『「ファット」の民族誌——現代アメリカにおける肥満問題と生の多様性』明石書店、二〇一八年

ウィリアムズ、レイモンド『テレビジョン——テクノロジーと文化の形成』木村茂雄・山田雄三訳、ミネルヴァ書房、二〇二〇年

ウルフ、ナオミ『美の陰謀——女たちの見えない敵』曽田和子訳、TBSブリタニカ、一九九四年

小手川正二郎「見た目差別の何が問題か?」『三田評論』一二五八号、二〇二一年、五四—五頁

Shalkeld, Luke "Didn't get the job? Blame 'lookism', as discrimination against the ugly 'is the new racism'", *Daily Mail.* 2011. https://www.dailymail.co.uk/news/article-2033782/Didnt-job-Blame-lookism-discrimination-ugly-new-racism.html(二〇二四年六月一五日最終アクセス)

Takáč, Peter "Current issues in aesthetics and beyond : Revisiting lookism", in *Ethics & Bioethics in Central Europe*, 10 (1–2). Sciendo, 2020, pp. 59-68.

Banet-Weiser, S. *Authentic™ : The Politics of Ambivalence in a Brand Culture*, New York University Press, 2012.

Banet-Weiser, S. *Empowered : Popular Feminism and Popular Misogyny*, Duke University Press, 2018.(「エンパワード:イントロダクション」田中東子訳、早稲田文学会編『早稲田文学』二〇二〇年夏号、二一二—二五二頁)

マクロビー、アンジェラ『フェミニズムとレジリエンスの政治——ジェンダー、メディア、そして福祉の終焉』田中東子・河野真太郎訳、青土社、二〇二二年

マン、ケイト『ひれふせ、女たち——ミソジニーの論理』小川芳範訳、慶應義塾大学出版会、二〇一九年

Minerva, Francesca "Lookism", in H. LaFollette(ed.)*The International Encyclopedia of Ethics.* Chichester, 2017, pp. 1-7. https://onlinelibrary.wiley.com/doi/epdf/10. 1002/9781444367072.wbiee838(二〇二一年九月二七日最終アクセス)

Langlois, J. H. et al. "Maxims or Myths of Beauty? A Meta-Analytic and Theoretical Review", in *Psychological Bulletin*, Vol. 126(3), 2000, pp. 390-423.

Liu, Ziaofei "Discrimination and Lookism", in K. Lippert-Rasmussen(ed.)*The Routledge Handbook of the Ethics of*

Discrimination. Routledge, 2018, pp. 276-286.

第9章

自由と抑圧のはざまで「かわいさ」を身にまとう

――「男の娘」を考える

バンコクでのフィールドワーク

少し前の話をしようと思う。バンコク市内北部、Wachira Benthat Park の一角に、コスプレをして写真撮影できるスペースがあった。バンコク市の中心部では週末ごとにコスプレイベントが規模を問わず開催されているから、わざわざ市の外《はず》れにまで来る必要はない。しかし、雑木林や湖などを背景に撮影できるロケーションであることから、重宝されていたのだろう。日本の地方都市でも、郊外や地方都市にある古い建物や公園などを提供し、コスプレ写真を撮影させていた。町おこしのイベントとしてコスプレ写真の撮影会が活用されていたのだ。

そのバンコク北部の公園で、一人の少年コスプレイヤーと出会った。十年ほど前のことである。

タイでは、高校での第二外国語の選択に日本語が入っていることや、在バンコク日本企業が多いため、日本語を話せることが就活時に有利に働く。そんな実利的理由も相まって、日本のマンガやアニメが好きでコスプレまでしてしまうような若者の多くが、レベルの高低はあれども日本語を話せる。その少年と会話しているうちに、男性キャラクターのコスプレもするけれども、女性キャラクターの格好に扮する（つまり、女装コスプレをする）のがとても楽しいと話してくれた。

確かに、タイでコスプレイベントを調査していると、女装している男性レイヤーをかなりの頻度で見かけた。日本ではNGとされる、メイクの不完全さやムダ毛の処理の不徹底さなど、「美しい」とは言いがたいレイヤーも目に付いた。しかし、そんなことを気にするでもなく、彼らは仲間たちと写真を撮りあい、とても楽しそうに過ごしていた。タイ国内で発行されているコスプレ雑誌のスナップ写真にも、たくさんの女装コスプレが掲載されていた。

女装レイヤーが多い理由を聞くと、タイの文化背景が性別の越境におおらかだからと、少年は答えた。日本とは少し事情が違うようだと思い、「家族には女装コスプレをしていることは話しているの？」とたずねてみた。すると突然、少年は顔をこわばらせた。「お母さんには話しているけど、お父さんには絶対に言えない」と、怯えるような声で彼は告げた。「さっき、女装は結構受けいれられているって話してくれたけど、どうしてお父さんにはダメなの？」とさらに踏み込んで聞くと、「男の子が女装するなんて、お父さんが知ったら叱られるから」と少年は答えた。おおらかそうに見えるけれども、やはり、家父長制的な規範がしっかりと家庭の中に根差しているということだろうか。

日本での状況

ひるがえって日本である。二〇〇〇年代半ばまでは、日本でコスプレといえば、ほぼ女性による男装／女装コスプレを指していた。男性の参加者がいたとしても、その多くは男性キャラクターに扮するのが普通で、男性による女装コスプレを禁止している会場も多くあった。つまり、日本のコスプレ界においては、女性による男装コスプレは「正常」であるのにたいして、男性による女装コスプレは少々「異常」なことである、という線引きがあったのだ。

二〇〇八年に出版された『オンナノコになりたい！ コスプレ編』の第一章心構えには、こんな文章が書かれている。

もちろん最低限の努力をしない女装コスプレ（着ただけ女装コスプレ）は、女装コスプレ全体のイメージを下げるだけでなく、人に嫌悪感を与える原因となりますので、まさに論外です。女性による男装コスプレにたいしても、男性っぽく見えないことへの揶揄があるし、最低限キャラクターに似せるため、先輩レイヤーからうるさく指南されることもあったそうだ。けれども、ここで主張されているのは、「女装コスプレ全体のイメージを下げる」や、「人に嫌悪感を与える」といった厳しい口調での戒告だ。こうした戒めは、日本における「男性による女装コスプレ」に独特の風潮であるように思われる。ここで注意されている「着ただけ女装コスプレ」のようなレベルの写真を、タイのコスプレ雑誌があっけらかんと掲載していたのとは雲泥の差だ。

とはいえ、二〇一〇年代に入って、日本でも様相は変わった。二〇一五年頃には「男《おとこ》の娘《こ》」というワードが知られるようになり、ちょっとしたブームも起きた。ヒゲ面マッチョなのに愛くるしいと評判のレディビアードは『女の友情と筋肉』第二巻（星海社COMICS、二〇一五年）にも登場していたし、魔法少女の格好をしたひげ面すね毛の中年男性の写真が可愛いと評判になり女性たちの間で回覧されたりもしていた。二〇一五年一月にとある男の娘レイヤーが投下したTwitter（現X）のコメントでは、「最近コミケでも女装コスプレイヤーが多くなり時代が変わったものだ」、と書かれていた。

実際、コスプレイヤーのためのSNSなどを運営しているキュア株式会社のコスプレ応援サイトHALOL（現在は閉鎖され、web記事はCurecos Plusに統合された）では、二〇一五年二月に「衝撃のビフォーアフター!?「男の娘」レイヤーの変貌ぶりが凄すぎる！」というタイトルの記事がアップされている。その前書きの部分に、こんな文章が載せられていた。

女性レイヤーの8割は男装を経験しているくらい、女性が男装をするのが普通なコスプレの世界。逆に男性の女装は、禁止になっているコスプレ会場も多いこと等から、その広がりは小さいというのが現状です。

この後には、「しかしそんな状況下でも、コスプレのときだけ「男の娘」になる彼らの変身技術はどんどんハイレベルになってきています」という言葉が続く。後ほど説明するが、二〇一〇年代に入って、女装のマニュアル本や指南書の類は非常に充実してきた。男性による女装というのは、コスプレに関心のない一般の人々に受け入れられるまでには至っていないかもしれないが、少なくともコスプレ周辺にいる人々の間では許容されるようになっているし、趣味としてだけでなくそれを仕事として生きる人も出現しはじめた。

「男の娘」の定義

ここまで、「コスプレ」や「女装」や「男の娘」といった用語を説明なく使用してきたが、次にこれらのキーワードの定義について確認しておく。コスプレとは、アニメやマンガやゲームなど、主に二次元世界のキャラクターに、三次元世界の人間が扮することである。もともとは「コスチューム・プレイ」という英語であったが、省略された和製英語として日本で使われるようになり、のちに海外にも広まった。

また、「女装」については、「コスプレ」文化が広まるよりずっと前から、文化人類学や人文学の領域で長く考察されてきた。女性による男装と男性による女装については、どちらも異性の服装を着る「トランスヴェスティズム」という言葉を用いて説明されることが多い。石井達朗『異装のセクシュアリティ』によれば、トランスヴェスティズムとは「服装の越境行為、つまり異性の衣類を身に着けること」を示す言葉であり、「異装」、「異性装」と訳すことを推奨している(一九頁)。さらに三橋順子『女装と日本人』では、日本社会の女装文化について、神話から歌舞伎などの伝統文化を経て、戦後社会史をたどるという縦軸と、トランスジェンダー文化の世界的広がりにまで射程を広げて解説している。

他方、「男の娘」というワードはもともとネットスラングであり、二〇一〇年代に入って一般に普及した。『大人限定 男の娘のヒミツ』によると「きれいな女装少年」を指し示す言葉であり、女装をしてはいるがどこかに「男」の要素を必ず残していることが肝心であるという(三二頁)。ここでは、①「少年」が②「きれいに」(もしくは「かわいらしく」)、③「女装」をする、という三つの要素が含まれている。「男の娘」という言葉を使う場合、単に女装することを説明するだけでなく、あくまでも「少年(もしくは少年ぽさを示す外見の持ち主)」が「きれいに」もしくは「かわいらしく」女装した場合のみを指し示しているということになる。

その他にも同書では、「男の娘」と境界線を接する、もしくは内容的に重複することもある、男性と女性の境界線上にある存在を示す様々な名称について分類している。まずは、「おかま」である。これは、江戸時代に発生した歴史ある言葉であり、伝統があるだけに女装していないゲイの人、女性っぽさを示す態度など、今日では広範に使用され、なおかつ侮蔑的な意味として使われることも多いとされる（三三頁）。

次に「ふたなり」という言葉も使われる。これは、「半陰陽、男性と女性、両方の性的特徴を持っている存在」を指し示す言葉である（三四頁）。さらに、「ニューハーフ」という言葉もある。これは、「（１９）８０～９０年代までに頻繁に使われた言葉であり、今はあまり使われていません」、「ペニスのある無しはそれほど関係ない」、「夜の店で勤めている女装男性者の「職業名」と解釈されることもある」など、男性の性的特徴も併せ持つ必要がある「ふたなり」とは重複する部分と異なる部分がある（三五頁）。ほぼポルノ市場でしかお目にかかることのないのが、「シーメール」という名称だ。「巨乳と巨根、両方をもちあわせているのが理想の姿」とされ、「ニューハーフとほぼ同様ですが、男性器が重要視される分、少し男性より」であると同書では説明されている（三六頁）。

そして、「トランスセクシュアル（ＴＳ）」という言葉も紹介されている。これは、「服装だけではなく「性そのものを変えた」人や、その状態を指す」言葉であり、服装・身体・精神のありかたなど複合的な項目での越境を必要とする状態だ（三七頁）[1]とされている。

最後に「男の娘」という言葉を経由して考えるときに重要になるのが「ショタ」という単語で、これは「少年愛好者（ショタコン）に愛されるような美少年そのもの」を示し、ショタコン[2]によって愛される対象となる少年を指す言葉だ。一九八〇年代から使われ始め、ショタ好きがそのまま「男の娘」愛好者になることも多い（三八頁）とのことである。

『大人限定 男の娘のヒミツ』には出てこないが、それ以外にも、二〇一五年頃に二次創作BL市場を席巻していたのが「女体化」というキーワードである。これはフィクションの世界でのみ用いられているが、性別越境の方法にリアルな制約が設けられることなく、男性キャラクターの肉体を女性化させて、性行為を行わせるというものだ。女性による男性性の消費として用いられるようになり、現在は一定の文化として定着している。

これら隣接する名称のなか、「女装」という大きな分類のうちの一領域を占めるのが「男の娘」なのである。そこでは「美しさ」や「かわいさ」だけでなく、「少年」が行うという要件があることから「若さ」も重要視されていると考えられる。

再現度の上昇

「男の娘」という言葉が使用されるようになる前から、マンガなどの二次元世界には、可愛い女の子の格好をした少年キャラクターが登場していた。マンガに登場する「男装」キャラクターのことは、少女マンガ論や少女マンガ批評を通じて論じられてきた。[3] それに比べて、「女装」キャラクター論というものはまださほど多く書かれていないが、それでも『ストップ!! ひばりくん!』の大空ひばり、『ここはグリーンウッド』の如月《きさらぎ》瞬、『パタリロ!』のマライヒ、『ファイブスター物語』のレディオス・ソープ、『らんま1／2』の早乙女《さおとめ》乱馬／らんまなど、一般的に流通し愛読されているマンガ作品は数多く出版されている。非メジャー系作品にまで広げれば、女装少年キャラクターが登場するマンガはさらに多く見つかるだろう。

二〇世紀には二次元平面の紙の世界でしか実現されなかった「きれいな女装少年」というコンセプトは、しかし、二次元と三次元をつなぐ2・5次元（＝コスプレ）という新たな領域の広がりとともに、三次元の世界にまで拡大されることになった。より質の高いコスプレのノウハウやマニュアルが普及し、異装に必要なグッズが入手しやすくなり、さらにはデジタル加工技術の進化で公開する写真の質感を上げることが可能になった。また、ネットで写真をアップし、同好者たちと知り合い情報交換を可能にする専用SNSの普及などが、各地にちらばる女装少年たちのコミュニティ形成を促し、顕在化させシーンを作り上げてきた。テレビや雑誌や映像作品に登場し、アイドル活動を行うなど、三次元で活躍している「男の娘」まで出現した。

「男の娘」発祥の歴史に関する詳細な説明は、『男の娘のヒミツ』に書かれているのでここでは割愛するが、その中で、特にコスチューム・プレイという意味合いでの「男の娘」の流行のきっかけとなったのが、二〇〇七年に一迅社から出版された『オンナノコになりたい!』という初心者向け女装指南本の存在だとされている。その後、女装のためのガイドブックやマニュアル本は次々と刊行され、メイクの方法や衣装の選び方など必要な知識が広まった。その装いの手段として、「コスプレ」が入り口になったり、媒介となったりしている。「最新メイク術から衣装、体形補正まで女装子のためのパーフェクト・ガイド」と謳《うた》う三和出版の『完全女装マニュアル』(二〇一五年)では、女装への導入としてコスプレから始めることを勧めている。

女装のためには特殊な技術が必要であると思われがちだが、これらの本に書かれている知識は、日常的に女性たちが「あたりまえ」に実践して/させられていることばかりだ。肌の手入れ方法(基礎化粧品の使い方)、眉の整え方、ベース(下地)の作り方、ファンデーションの選び方や塗り方、チークやパウダーを使った陰影の入れ方、アイメイク・マスカラ・つけまつげなど眸の回りの処理、口紅の選び方や塗り方、下着の選び方とファッションセンスの磨き方、胸の谷間の作り方にまでおよぶ。以上のことは女性たちにも参考になるかもしれない。女装男性特有の技があるとすれば、(女性に比べて濃い)髭の処理とウィッグ、下着を身につけた時に男性器を目立たなくさせるための方法に関する項目だろうか。

マニュアル系の本を読んで強く感じるのは、普段、女性として生きるために自分たちがどれほど多くの行程を踏まえさせられているか、という点だ。メイクや洋服の選び方や「ムダ毛」の処理など、「女の子」として生活する上で、「女性」たちが半ば無意識的にこなしている/こなすことを余儀なくされている数多くの行程を、男性が女装する際には一つひとつ学んでいかなければならないということには驚きを禁じえない。つまり、改めて学習しようとするならばあまりにも手間のかかる膨大な実践知を、女性たちは日々、課せられ、学ばさせられながら生きているのだ。

もちろん、そんなものは無視すればいいと言うのは簡単だが、それを実行するのはなかなか困難だし、強い心を必要とする。なぜなら、それらを無視して放棄した場合、私たちに投げつけられる言葉は、「ブス」、「デブ」、「貧乳」、「ババア」といった心無い中傷の言葉であるからだ。美しくないとされる女性を誹謗中傷するための言葉は、これ以外にも無限に存在していて、情け容赦なく投げつけられる。冒頭で見た、日本の女装コスプレの世界が「着ただけ女装」を厳しく戒める背景には、女性らしい外見や振る舞いからの逸脱や失敗を「人に嫌悪感を与える」ものだと考える、日本社会の悪しき風土が横たわっている（そうした風土への抗いとして女性たちに愛でられているのが、先に挙げたレディビアードなのではないか）。例えば、私は出勤前のメイクに毎朝三十分はかけている。研究時間に当てたいと心の底から思う無駄な時間である。しかし、苛立ちを覚えつつも、教員として人前に出て働く以上、メイクもせずに出勤するわけにはいかないという圧力に屈してしまう。その結果、ほぼ男性レイヤーが「女装する」ときと同等の心意気で、入念に身体や顔の手入れを行いメイクすることになる。

だから、不思議に思うのだ――そんな面倒な手順を、どうしてわざわざ好んでやろうとする男性がいるのだろうか、と。

なぜ、「かわいく」なりたいのか？

少し論を迂回してしまうが、渡辺恒夫（『トランス・ジェンダーの文化』六一頁）や石井達朗（『異装のセクシュアリティ』四二頁）によると、一九世紀から二〇世紀半ばくらいまで目についていた男装する文化人女性や映画に登場する女優の男装が減った理由は、女性解放による自由の獲得だとされている。自由で平等な社会的主体としての男性に倣い、男性の持つ社会的象徴性を自らの身体にまとわせるための手法として男装が用いられていたため、女性の社会的権利が少しずつ獲得されるにつれて、象徴的な男装は減少していったというのだ。また、女性のファッションが男性的な要素を取り入れ、ジャケットを着たりズボンをはいたりすることが可能になるという流れもあった。(4)

つまり、男装という行為は、私たちの社会生活を支配するある種の性規範への反乱だったのである。石井（『異装のセクシュアリティ』六八頁）のいう「父権的な権力構造に対しての開き直り」、つまり二極化された性への浸食を通じた攪乱行為である。たとえ男装をする理由が、「やりたいからやってるだけ」という非政治的なものであるとしても、男装をするという行為を実践することそれ自体が、すでに性規範からの逸脱にしかなりえない。なにが「正常」でなにが「異常」であるか、なにが「コア」でなにが「ライト」であるかは、行為それ自体が決めることではなく、その行為がおかれる社会的・文化的・時代的な文脈によって決められるからだ。

渡辺（前掲書、六二頁）は、女装の類型化を行い、その一つに、異性愛的フェティシズムとしての女装をおいている。確かに、コスプレの場合はお気に入りのキャラクターを愛しすぎるあまり、そのキャラクターとの同一化を図ろうとするフェティッシュな欲望が混入してくる（田中東子『メディア文化とジェンダーの政治学』）。男女を問わず、コスプレをする理由を問うと、そのキャラクターが好きだから、なりたいから、という回答が返ってくることは多くある。したがって、男性が女性キャラクターに扮する女装コスプレの場合も、自分がそのキャラクターに同一化したいという異性愛的フェティシズムのベクトルが含みこまれることもあるかもしれない。しかし、同時に、そこには別のベクトルも伴われているのではないだろうか。

特に、若くてかわいくてきれいな女性キャラクターや萌え系の女性キャラクターのコスプレを男性がした場合、それは「コスプレ」であると同時に「男の娘」でもある。しかし、「男の娘」という言葉遣いには、単に「男性による女装コスプレ」という言葉に伴うコノテーションとはまた別の要素が混入していると考えられる。異性愛の対象を自身の身体に憑依させるということよりも、むしろ、もっと直接的に「オンナノコ」になり、むしろ「異性」である男性たちにかわいがられたいという受動的な欲求の発露である。

自己の性への違和感の表明である「トランスジェンダー」とも、女性への執着である「フェティシズム系」とも、キャラクターを愛するあまり二次元平面世界に入りこむためのツールである「コスプレ系」とも異なる、「かわいがられたい」、「欲望の対象とされたい」、井戸の言葉を借りれば「受け身の快楽」ともいえるような欲望を表明するのが、「男の娘」という生き方である。

男性による女装、とりわけ男性がかわいさを追求する「男の娘」という新しい現象を成立させている理由について、男性学での議論が一つの回答を与えてくれる。伊藤公雄（『新編 日本のフェミニズム12 男性学』二二一頁）によると、近年、「地球規模で生じつつある近代的なジェンダー構造からの転換の動き」が進み、「男らしさ」イデオロギーが揺らぎ始めているという。

近代化とは人々を男性的主体化へといざない、社会の中で支配的な地位を占めさせるという壮大なプロジェクトであった。そのため、フェミニズムの目的のうちには、いかに男性的主体と対等な立場を獲得するか、というものがあった。それに対して、脱近代（ポストモダン）の時代は、男性的主体への一体化・同一化からの自己の解体の時期にあたるとも考えられる。工業化から脱工業化へと産業構造が変容し、ケア労働と気遣いのコミュニケーションが必要とされる時代。こうした転換は、とりわけ男性たちの間に、「多くのストレスと不安、さらに生活の困難を生み出」（前掲書、二二二頁）していると伊藤は主張する。さらに、ケア労働と気遣いのコミュニケーションが要請される社会では、男性でもイケメンであることが評価され、少なくとも見苦しくない外見であること、自己身体への厳しい配慮が要求される。しかし、イケメンであるためには、「顔の造形自体が美的に整っていること」だけでなく、夥《おびただ》しい身体的優位性が要請される。例えば、すらりとした体躯、ほどよい筋肉、高身長、長い脚など。とはいえ、そんなものを兼ね備えている男性が、どれだけの割合いるだろうか。

例えば、井上魅夜《みや》の著書にこんな一節がある。

背が低く、肩幅も狭かった私は、たいていのレディースの服を身につけることができたのである。ダイエットが程よく進んでからは、九号の服も楽勝であったし、二三・五センチという足のサイズも私には味方だった。しかし考えてみれば、これらは男性としてはコンプレックスの源だったのである。（井上魅夜『化粧男子』八二頁）

そしてまた、このように記している。

自らが女性に扮してかれらから性的な目線で見られる時、私は男性としての評価の外にいることができた。男性の評価とはつまり、社会的地位、収入の多寡によって決まるものだ。（中略）なんの仕事をしているの？　年収いくら？　男性として生きるということは、常に働き続け、世間からの評価を勝ち取り続けることだ。（九四頁）

このような時代に、美しさやかわいさを求めることは、伊藤（前掲書、二三頁）が問題に据えている「男性性」をめぐる課題への一つの回答例になる。手間暇をかけて「女性性」を身にまとい、美醜に基づく査定の対象にむしろ積極的に自らの身体を差しだすことで得られる優位性に自らの人生を賭《と》すという生き方は、フェミニスト的な立ち位置からするとアンビバレントな解決策であるように思えてしまう。

けれども、既存の男性性になじめないところにたたずむ男性たちにとっては、現代社会を有利に生き延びる可能性を秘めた、新しい生き様であるのかもしれない。「男の娘」という現象と、そこから波及していく新しい価値やイデオロギーに、注目していくことにしたい。

注

(1) 本稿を執筆した二〇一五年には「トランスセクシュアル」という言葉が用いられていたが、お茶の水女子大学が受け入れを開始した二〇二〇年前後から、「トランスジェンダー」という言葉がより広く使用され認知されることとなった。本稿の主旨を大きく越えてしまうため、ここではトランスジェンダーについて論じることはしないが、私自身としてはフェミニストの立場から、現在、生じているトランスジェンダーの方々への差別やヘイトを、絶対にゆるしてはならないと考えている。

(2) ショタコンという言葉は、『鉄人28号』の主人公である金田正太郎のように半ズボンの似合う年ごろの少年を愛でる女性を称する意味で使われていたが、現在は、少年を愛でるあらゆる性別の人に対して用いられている。

（3）　男装する少女が登場するマンガやアニメに関する分析は、佐伯順子『「女装と男装」の文化史』（講談社選書メチエ、二〇〇九年）の中の『ベルサイユのばら』と『リボンの騎士』に関する章、押山美知子『少女マンガジェンダー表象論――〈男装の少女〉の造形とアイデンティティ』（彩流社、二〇一三年）、その他、原田薫「〈男装の少女〉のセクシュアリティ――少女マンガ世界におけるジェンダー表象」（『女性学評論』第二八号、二〇一四年、一六三―一六四頁）などを参照のこと。

（4）　そうであるなら、日本社会でこれほど男装コスプレが多く登場しているのは、いぜんとして日本社会で女性たちが不自由な生き方を強いられているという理由によるのかもしれない。興味深い点であるが、本論の主題から反れてしまうので、指摘するに留める。

参考文献

石井達朗『異装のセクシュアリティ　新版』新宿書房、二〇〇三年
井戸隆明編『大人限定男の娘のヒミツ』マイウェイムック、二〇一五年
伊藤公雄『新編 日本のフェミニズム12 男性学』岩波書店、二〇〇九年
井上魅夜『化粧男子――男と女、人生を2倍楽しむ方法』太田出版、二〇一二年
田中東子『メディア文化とジェンダーの政治学――第三波フェミニズムの視角から』世界思想社、二〇一二年
三葉『オンナノコになりたい』、『オンナノコになりたい!　コスプレ編』一迅社、二〇〇七年・二〇〇八年
三橋順子『女装と日本人』講談社現代新書、二〇〇八年
りえ坊・花森実咲『完全女装マニュアル』三和ムック、二〇一五年

渡辺恒夫『トランス・ジェンダーの文化——異世界へ越境する知』勁草書房、一九八九年

第10章 のがれること・つくること・つながること

女オタクの嗜好性《しこうせい》は、規範的な女らしさとの切断の回路だ。しかし、同時にそれは、切断されたものとのオルタナティブな関係を再生する試みにもなりうる。

活字中毒でロジカルにしゃべる女の子が小・中学校の女子のグループに受け入れてもらうのは、極めて困難なことだった。本やマンガやアニメやロックやSFが好きで解釈論ばかりを繰り広げ、あげく「結婚制度には反対」とか言っていた私は、今思い返すとあまり同級生ウケの良い子供ではなかった。

ガキっぽい趣味の同年代の男の子たちには嫌われていたし、バレンタインの手作りチョコレートにおまじないをかけているような同年代の女の子たちにも、あまり好かれてはいなかった……と思う。フィクションの世界に入りびたり、リアルな人間関係にはうすらぼんやりしていたのでさほど傷つくこともなかったが、雑誌の文通欄で見つけた趣味の合う女の子や同じ塾に通う、やっぱり自分の学校に居場所のみつけられないでいる女の子たちとしか、心を通わせることはなかったと記憶している。

同じ年ごろの女の子たちとの関係が一変したのは、とある女子高への進学を機にしてのことだった。今日では「乙女ロード」と呼ばれるエリアにあるその高校は、クラスの八割以上が本かマンガかアニメかロックかSFか映画か宝塚か歌舞伎かミュージカルかジャニーズか、とにかくなにかしらのカルチャーのファン——というようなかわいらしいものではなく、おっかけをしていたり、今でいう聖地巡礼に励んでいたり、ファンジンを作っていたりするような、ディープな女オタクの巣窟だった。『水滸伝《すいこでん》』の舞台である梁山泊《りょうざんぱく》に、女の子だけが集っている感じを想像してもらうのが良いかもしれない。そこで初めて、女の子でも知識や情報をもっていることが尊ばれ、熱苦しい解釈と自説語りが敬われる環境に出会ったのである。

教室内では、ありとあらゆる小説やマンガ、同人誌などが飛び交っていた。栗本薫と中島梓、菊地秀行と田中芳樹、萩尾望都と竹宮惠子、アーシュラ・K・ル゠グウィンとレイ・ブラッドベリ……それ以外にも膨大な量の作品が必読書として、そしてコミュニティの共通プラットフォームとしてシェアされていた。女性が物語を批評することは肯定的に受け入れられていたし、男性しか活躍しない世界観の物語を、二次創作やパロディ化という手段で女性視点の物語に書き換えてしまうことも大っぴらに推奨されていた。

小学校、中学校と、自分は社会に求められる普通の女の子像から外れたおかしな存在だと感じてきた。でも、実はそれが「おかしな女の子だと感じさせられていただけ」だったと気付くことができたのは、高校の友人たちと過ごしたおかげだ。とってもオタクな女の子たちとの出会いによって、「いつでも本やマンガやアニメやロックやSFのことばかり考えていて、それらについて語るのが大好きな女の子」というのがこの世にはめちゃめちゃ大勢いることを知り、生きていくのがとても楽になった。

中学時代から小説や詩を書いて印刷して冊子にする、ということを数少ない友人たちと行っていたのだが、それを頒布できる場所に行くようになったのも、高校入学後のことだった。中学生の頃から地元の先輩たちとコミケに参加している、ちょっと大人びた雰囲気のSという友人ができ、私はSやその他の同級生たちと「サークル」を結成し、高校一年の夏、コミケに参加することにした。当時は、高河ゆん先生とCLAMP、えみくりなどがオタク女子高生の神だった。神の本を手に入れるため、我々もサークル参加する必要があったのだ。

初めてシスターフッドのようなものを実感したのは、その同人サークルの友人たちとの絆を通じてだ。入稿日に向かって皆で力を合わせ、作品を完成させるという同じ目標に向かって突き進みながら、「友情」のような「恋愛感情」のような「仲間意識」のような、互いに励まし合い、褒め合い、競い合いつつも尊敬しあう関係性が育まれた。それまで世の中からは「女の敵は女」というメッセージを送りつけられるばかりで、女同士の幸福な関係が成立しえるなんて、誰も教えてくれることはなかった。「女の敵は女」などというフレーズは徹頭徹尾ウソだったのだと、私たちは社会に出る前に学ぶことができた。

いろんな社会階層の、いろんなイデオロギーの、いろんな家庭環境の女の子たちがいた。私たちは同人活動に邁進しながら、それぞれの悩みを打ち明け、お互いがお互いのセラピストとなり、お互いの推しキャラのどちらがより素晴らしいかを競って激しく口論したり、泣いて互いを抱きしめながら仲直りをしたりもした。

締め切り前にはお座敷《ざしき》のある友人宅で、何度も「修羅場」を潜り抜けた。三行分くらいの文字しか表示されない太古のワープロで原稿を書き、絵描きの友人たちの手伝いもした。枠線を引き、ベタを塗り、ホワイト修正を指示され、「はい、タテタテタテナナメナナメナナメヨコヨコヨコ!」とか言われながらカケアミを教えこまれ、トーン削りも仕込まれた。当時の字書きはもれなく経験していると思うのだが、ワープロを打てるという特殊技能持ちゆえに、マンガの吹き出しの中の台詞を入出力させられ、切り貼りも手伝った。

同じ高校の仲間を中心に活動していたけれども、同級生の姉妹とか、同級生の地元の友人とか、卒業してしまった先輩だとか、創作活動とイベント参加を通じてどんどんオタクな女友達が増えていった。

当時は、「コミケ」というあまり一般には知られていなかった概念を教育熱心で生真面目な母親に説明することが難しく、「なんか湾岸エリアでね、全国から本好きが集まって青空見本市をするので、見学してくるね」と、すれすれの嘘を吐いて出かけていた。同級生や先輩たちと新刊を乗せたカートを引きずり、熱い陽射しのなか、延々と好きなキャラクターや作品について会話しながら会場へと向かった。はしゃぎながらみんなで勝鬨橋《かちどきばし》を渡る映像は青春映画のワンシーンのようで、いまでも鮮明に思い出せる。汗まみれだし、げはげは笑っているし、ひどいファッションセンスだったし、一つも美しい光景ではなかったと思うが、思い出の中の私たちはとても輝いている。

＊

男同士の愛の物語を書くことには、一つにはまとめきれない複雑な意味が含みこまれている。それは、日本の社会で生きている限り女の子には決して望まれることのない使命や役割を、男と男の熱い物語に仮託することによって空想の世界だけでも遂行しようとするものだった。男にのみ許されていた行為――戦うこと、守ること、勝ち上がること、命を懸けること――を物語の中で追体験することで、既存の「女らしさ」から逃れることができる気がした。けれども、それは同時に規範的な女らしさに従順な女の子たちの生き方を蔑む行為にも直結しかねなかった。

それはまた、男性たちを男らしさのくびきから解放し、泣いたり笑ったり恋をしたり、感情豊かに過ごすことを認めてあげようとする実践でもあった。その反面、ダイレクトに女の子自身の物語を編むことは、あまりにもリアルすぎるのか当時の自分にはためらわれた。

男同士の愛の関係を紡ぐことは、男女間の恋愛物語しか提供してくれない主流の文化表象によって押しつけられる異性愛規範から逃れるための必死の足掻きでもあった。しかし、それは同時に、同性愛のイメージと関係性を好き勝手に表象し、意味付け、暴力的に搾取することにもつながっていた。

同人活動だけを特別視するつもりはない。部活だろうとストリートでの活動だろうとアルバイトだろうと、女の子たちに似たような体験を与えてくれる「サークル」は、私が気づかなかっただけで他にもきっとたくさんあったのだろう。

同世代の女の子たちだけで紡いだ幸福な時間は、残念なことに大学進学と同時に霧散してしまった。だけど、空想の世界を経由して遂行されたそのクリエイティブな体験は、次第にリアルな世界へとあふれ出し、リアルな世界での生き様にもつながっていくことになる。

もはや人生がとてつもなく長いので、その後のオタク活動のすべてを記すとおびただしい量の文字を書く必要が出てくる。ひとつ例を挙げるのならば、二〇一三年に2・5次元の世界にハマった話をするのがよいだろう。

最後の同人活動から足を洗って一年ちょっと。オタ活以外では一ミリもテンションの上がることのない私は、ただ粛々と通勤し、淡々と仕事をこなし、死んだ魚の目をして暮らしていた。そんな生きる楽しみのすべてを失っていた私が俳優Tの存在を知ったのは、あるテレビドラマを観ている時のことだった。

どういうわけか長髪でマッドなサイエンティストのキャラに弱いという性癖の持ち主である私は、足の長さが二メートルくらいあり（定型表現）、テニスが主題なのに歌ったり踊ったりしている某ミュージカルでデビューしたというその俳優に、一目で恋に落ちてしまった。

「Tさんにハマったかも……」

と、すぐにTwitter（当時）で呟いたところ、五秒後には「チケットあるよ！」と四方八方から魔の手というか、悪魔のリプが飛んできた。まるでライブ開催日の武道館に集まってくるダフ屋のような勢いである。オタ友、恐るべし……。

そんな次第で恋に落ちた二週間後には、その俳優が出ているわけでもないのに「次の公演にはTさまが戻ってくるかもしれないから、その前に予習をしておいた方が絶対に良い！」というオタ友たちの強引な誘いに唆され、イケメンたちがテニスをしながら飛んだり跳ねたりするその舞台に参戦することになったのである。それはちょうど、2・5次元ミュージカルというものが一般の人たちにまで知られるようになる時期のことだった。

初めて参戦したその2・5次元ミュージカルは、本物のスポーツ観戦のように熱く、アイドルのコンサートのようにキラキラしていて、一〇代の学校生活の上質な部分だけを再帰させてくれるようでもあり、生きる屍状態だった私のテンションは秒で跳ね上がることになった。

舞台上でキャラクターになりきっている男の子たちは、みなとても煌《きら》めいていて美しかった。歌や台詞回しやダンスなどのパフォーマンスは、必ずしも全員が上手いというわけではなかったが、とはいえ群舞によって繰り出されるド迫力のステージングに歌やダンスが下手というマイナスポイントはかき消され、欠陥以上に、観る者に与えてくれる快楽や幸福感の方がはるかに勝っていた。

ちなみに、初めての観劇時、休憩時間に通路に出ると、同人活動時代の友人や知り合いの女性研究者と普通に行きあった。オタクと研究者はどこにでも潜んでいる。

その日を境に、私は2・5次元の世界にのめりこんでいった。当時、都心から遠く離れた場所に勤めていたので、まずは就業後に2・5次元演目を多く行う各劇場に移動しやすい都心へと勤務先を変えることにした。

Tさんの出演する演目は可能な限り観に行った。ファンイベントやトークショーなどにもできる限り参加した。現場に行くごとに、顔なじみの人が増えていった。関西在住でフルタイムの仕事をしているのに、なぜか東京での平日公演をすべて見に来ている、というツワモノもなかにはいた。観劇クラスタのオタ友が多くなると、「チケット一枚余ってるんだけど……」という誘いも増え、自分ではチケットを取らないような演目も観に行くようになった。Tさん以外にも、応援したいと思える俳優や演出家ができた。

結果、多い年には年間七〇公演くらい2・5次元舞台に通ったが、「まだまだすごい人がいるから、私なんてふつうふつう」と自らに言い聞かせ、推し活をしているか仕事をしているか睡眠をとっているか、みたいな生活を数年にわたって続けた。なぜオタクたちは、自分より激しく活動している人たちと己を比べ、自分はまだまだ大丈夫だと安心した気になるのだろう。当時のことを思い出しつつ書いているのだが、だいぶ「ふつう」ではない数年間だった。

小説やマンガ、とくにアニメ的な二次元平面の与えてくれる世界観を好む人間にとって、2・5次元舞台は抗《あらが》いがたい魅力を放っている。お気に入りの非実在キャラクターを依り代として実在させてくれる素晴らしいキャストたち、適度にリアルで適度に誇張された起伏の激しい感情表現、中二病的感性に満ち満ちたかっこいい世界設定、戦いや使命に全力を傾ける刹那的な人生、キャラクター同士の運命的な関係性、ストーリーを盛り上げるメリハリの効いた音楽とキレのあるアクション、さまざまなジャンルをミックスしたダンスと歌、日常の世界では聞くことのできないスタイリッシュな台詞の数々、少女漫画的なスタイルの手足の長い男の子たち――。

2・5次元文化については、『ユリイカ』でも『美術手帖』でもすでに特集されているし、ここはその魅力を主張する場所ではないのでこれ以上は書かない。代わりに、2・5次元文化にハマって以来抱えている一つの問いに触れておきたい。もしかすると、この問いは、もっとずっと以前から、オタクとして生きることの基底に存在していたのかもしれないのだが。

2・5次元文化の与えてくれる幸せな世界にどっぷりと漬かりながら、同時に私はある当惑する気持ちと直面せざるを得なくなった。それは、女たちが男を消費する、ということへのためらいである。

少しだけ説明が必要かもしれない。主流のメディアや文化的活動において、男たちはこれまでずっと女性を――特に若い女性を盛んに消費してきたし、いまも消費し続けている。アイドルしかり、「女子アナ」しかり、ＪＫビジネスしかり、最近では、バーチャルな空間での女性アバター含め、消費の対象はますます広がり続けている。そこには、資本と社会的地位の両方を占有している男性たちが、金と地位に飽かして若い女性たちの身体そのもの、もしくはそのイメージを都合よく構築し、所有し、消費しているという不均衡なジェンダー関係がある。

舞台に出演する若手俳優たちは、俳優でありながらアイドルのようであり、その肉体だけでなく、感情や情動までもが切り売りされた商品のように見えることがある。女の子たちが欲望をぶつけ、おしつけ、もしくは女の子同士のコミュニティを形成するためのプラットフォームとして生身の人間を利用する。それを愛情や推し事という名目のもと、歓び、尊び、貪り、チケットのために決して安くはないお金を支払い、消費することに、オタク活動にのめりこみつつも私はつねに困惑を感じていた。自分たちのこの行為と欲望は、相手の尊厳を傷つけ、苦しめることへとつながるのではないだろうかと。

女が男を消費する。しかも性的に消費する、というのが女オタクの一側面であるとするなら、それは男が女を性的に消費することの単なる裏返しであり、ある種の支配的な権力の行使につながるのではないのか、ということは若手（男性）俳優や男性アイドルのオタクという自覚のある女性であれば、誰しも一度は疑問に感じたことがあるだろう。そして、若手俳優や男性アイドルの背後には、女の子たちの支払ったお金を回収することで、若いイケメン男性たちと女性たち両方から搾取している企業や組織が存在している。

しかも、女が男を消費する際には、異性愛規範的な視点がどうしようもなく介在し、消費すればするほど異性愛的規範を強力に再生産してしまうことにもつながる。男性同士の物語を読み替える二次創作の作業にいそしんでいた時とはまた別の新たな問題に、若手俳優を推すという行為を通じて私は導かれることとなった。

もちろん、だからダメ、ということではない。微視的な視点でみれば、この搾取工場のようにも見える回路の中には、もっとずっと複雑で重要な、実践者たちの経験と感情が折りたたまれているからだ。

この、男を消費する女の問題について、いくつかの論考で問題提起をしているうちに、マスコミやウェブメディアでフェミニズム関連の記事を書くために私のもとに取材に来る男性アイドルなどのオタクである女性たちから、この問題について頻繁に相談されるようになった。

女をまなざし、消費できるという男だけが独占してきたポジションに、女性たちもようやくたどり着くことができたのだと、そのようにただ単純に肯定してしまうこともできるだろう。しかし、そのような肯定は、男も女も互いに消費しあっているのだからと、男女間の未だ非対等で不平等な関係性を追認することにつながりはしないのかと――そのことに悩みながらオタクの沼に浸かっている女性たちは、案外多く存在しているはずだ。

「フェミニストだから」という政治的立ち位置を理由に、きゃあきゃあとイケメン男性の身体とイメージを消費することから禁欲的に離れることも考えた。しかし、女オタクの欲望には、私が幼いころから経験してきたように、規範的な女らしさへの抗いと規範的な女性性との切断の回路が埋め込まれているし、二次創作や舞台を見ることを通じて生まれる互助的なコミュニティも確かにある。だから、簡単に捨て去ることはできないのだ。

女オタクによる男性消費はそのすべてが単なる搾取にはなるわけではない、ときっぱり宣言し、そこに搾取以外の何があるのか、一度きちんと考えてみることは重要かもしれない。同時に、もしそのように宣言するのであれば、男オタクによる女性消費のなかにも、「男性による女性の単なる搾取」以上の何かがあることを考えてみなければならないだろう。

だから私は、男性のオタクたちにも問いたい。

男性たちは女性を消費することに、戸惑いを覚えることはないのだろうか？　その行為はあまりにも自明視され、保証されたものであるので、惑うことなく食い尽くせているのだろうか？　そしてまた、男性オタクの活動のすべてを性的な搾取であるとみなされることに、自分たちの領域に干渉し自分たちの自由を侵害するなという反発的な感情以外の言葉をつむぎだすことはできないのだろうか？　フェミニズムやオタク批評が積み上げてきた言語と理論を駆使して、私たちと一緒に男性たちがこの戸惑いやためらいについて言葉にしていくことは不可能なことなのだろうか？

二次創作やファン文化、それ以外のあらゆる文化的な活動が、既存のくびきから私たちを切り離すと同時に、新しい関係へとつないでくれる可能性を秘めている——その可能性を、私は絶対的に信じている。

あとがき

「田中さんの論稿、一冊にまとめて出版した方が良いと思います」と、青土社からやってきた編集者の永井愛さんに研究室で提案されたのが、二〇二一年の春先のことだった。永井さんと会うのはその日が初めてで、まだ大学生のようにも見える彼女に言われた台詞を、私は驚きとともに聞いていた。

青土社の『ユリイカ』という雑誌に最初に原稿を頼まれたのは二〇一五年のことである。私自身は人文学ではなく社会科学の専攻であり、青土社といえばどちらかというと『現代思想』を愛読していたが、せっかくのチャンスなので原稿を書くことにした。それが、本書の第9章に再録されている「自由と抑圧のはざまで「かわいさ」を身にまとう」である。

それから今日まで、『ユリイカ』や『現代思想』には何度も論稿を掲載していただいた。しかし、オタク論やアイドルに関する文章について、私としては研究者として書いているつもりはなく、日々の活動記録を残す日記のようなもの、といったニュアンスで書いていたこともあって、書籍にするということは考えもつかなかった。しかし、永井さんは「出版された本を、私は読みたいと思います」というようなことをきっぱりと宣言してくれた。その純粋さに私もつい、「分かりました、やりましょう！」と答えてしまったのだった。

それから本書が出版されるまでには紆余曲折があった。紆余曲折、というか、端的に私が怠惰だったというだけの話だ。永井さんは毎月のように連絡をくれ、打ち合わせのために会いに来てくれたし、原稿の修正を催促してくれた。しかし、私の方ではどうにも踏ん切りがつかず、「来月までには原稿を直しますから」などと言い訳を繰り返し、与太話をするばかりで、作業は遅々として進まなかった。同年代の親しい研究者たちが次々と著作を刊行していくのを眺めては焦りを感じていたにもかかわらず、一向に作業は終わらなかった。怠惰であったせいもあるのだが、ここ数年、私は校務やら学会の仕事やらに激しく追われていた。

そして三年が経ち、この度どうにか陽の目を見ることになった。このように書籍という形になり、みなさまのお手元に届けることができるようになったのは、ひとえに担当編集者の永井愛さんのおかげです。本当にありがとうございました。

さて、本書の主旨については「はじめに」で簡潔にまとめたので、「あとがき」ではそれぞれの章について、簡単に振り返っておくことにする。

まず、第1章から第3章までの「推し活」に関する三つの章は、もともと本書とは別の形で発表する予定だった原稿である。『いいね！ボタンを押す前に』という本を一緒に作った際、書くのが遅い（というか、書いたものを出すまでの踏ん切りがなかなかつかない）私に、ジャーナリストの浜田敬子さんが「東子先生なんて話すのは上手いんだから、話すように書いちゃえばいいのよ」と素晴らしいアドバイスをくれたことがあって、この三つの章はその心意気で形にしてみた。議論は荒いかもしれないが、生きの良さを大切にしている。最初に原稿としてまとめる際には、編集者の長島恵理さんに大変お世話になった。本当にありがとうございました。友人の美歩さん、侑奈さん、穂香さんからも貴重なアドバイスをいただいた。お忙しい中、ありがとうございました。資料収集については、未知の駅の諫山三武さんにもお世話になった。心から感謝いたします。

第4章は松尾亜紀子さんから依頼され、フェミニズム雑誌『エトセトラ』に書いたエッセイを、第5章は明石陽介さんに依頼されて『ユリイカ』の男性アイドル特集に書いた論稿を、第6章は中山永基さんに依頼されて『世界』に書いた時事的なテーマの原稿を、それぞれ改稿して再録している。他にもいくつか掲載候補に挙げていた原稿があったのだが、内容が古いものや重複しているものはカットしてこの三本を残すことにした。それぞれ、執筆時には全く異なる文脈のものとして書いていたはずなのだが、こうして並べてみると共通する主題を扱っていることが分かる（単に私の芸の幅が狭いというだけかもしれないのだが）。

第7章は、松本健太郎さんが編纂したアンソロジーに掲載していた原稿を大幅に改稿したものである。本書全体のテーマにつながる「オタク文化と両義性」の問題を強く意識して書いた最初の論文だったので、書籍からの転載にはなるが収録させてもらうことにした。第8章は『現代思想』のルッキズム特集のために書き下ろしたもので、樫田祐一郎さんが丁寧に原稿を見てくださった。第9章は最初に青土社さんと一緒にお仕事をさせてもらった記念すべき論稿なのだが、当初、私の中では再掲するものとして全く念頭になかった原稿である。永井さんが再録を提案してくれたおかげで、再び読んでいただけることになった。第10章も、『ユリイカ』に掲載された原稿である。本書に収めた文章の中でもっとも読後感が良かったので、最後に置くことにした。本当はこういう文体の文章を書いて生きていきたかったのであるが、どこで道を誤ってしまったのだろうかと遠い目をしながら手直しをした。

こうしてふりかえってみると、多くの編集者の方にお世話になってきたことがわかる。みなさん、いつも本当にありがとうございます。

それはともかく、パンデミックで足が遠のいてしまって以降、本書で扱っているようなオタク現場に行くことがめっきり減ってしまった。足を止めてしまったマラソンランナーが再び走り出すのにエネルギーを要するのと一緒で、一度足が遠のいてしまうとなかなか現場には戻れない。それに輪をかけて、五十代に突入して異常に仕事の量が増え、余暇の時間を確保することが難しくなってきている。原稿に手を入れながら、最新のオタク現場の事情についていけていない点にとてもストレスを感じていた。

とはいえ、この一〇年ほどの間に、オタクの現場を批判的な視点やフェミニズム的アプローチに基づいて考える若い世代の研究者たちが非常に多く登場し、それぞれの分野で活躍できるようになってきたことに光明を見出している。なかでも、パンデミックのさなかだった二〇二〇年初春から二二年頃にかけて、月に一度のZoomでの読書会を行ってきた「ヲタフェミ研究会」の中心メンバーのみなさま（特に中村香住さん、関根麻里恵さん、筒井晴香さん、高橋幸さん、松浦優さん、佐倉智美さん、上岡磨奈さんら）には本当に感謝している。オタクでフェミニストで本を読むのが得意で、理論に強く、現場をこよなく愛しているみなさんと数多くの言葉や思想を交換／交歓し、最新の、そして多種多様なオタクの現場やクィア理論について教えていただけたおかげで、多くの学びと気づきがあった。そのいくばくかが本書に反映されていることを願うばかりである。また、一人ひとりお名前を挙げることはしないが、田中東子研究室の大学院生のみなさんと授業に出てくださるみなさんからも、日々、多くのことを学ばせてもらっており、感謝している。

はじめに、で私は本書について「極めて一人称的な本である」と説明した。そうである以上、本職の仕事に生活が押し潰され現場に足を運べなくなり、SNSで情報を追うことすらできなくなってしまった私にとって、本書で執筆してきたような文章を書くのは、今後、難しくなると思われる。

現場に足を運べなくなったオタクを、オタクと呼ぶことはできない。もはや老兵は去るのみ。この続きは、おそらく退職後にまた、別の老オタクの現場で書くことになるだろう。

さて、日々、休みなく盛大に仕事を片付けている家族で本当に申し訳ないと思いつつ、最後に相方の山本敦久くんと四つ足の息子レオくんに最大の感謝を捧げたい。いつも本当にありがとう。

二〇二四年八月二十日

田中東子

初出一覧

第1章　書き下ろし
第2章　書き下ろし
第3章　書き下ろし
第4章　「アイドルたちは何を開示しているのか?」『エトセトラ』Vol.8 FALL/WINTER、二〇二二年
第5章　「多様化する男性アイドル――若手俳優・ボーイズグループ・王子たち」『ユリイカ』二〇一九年一一月臨時増刊号
第6章　「性加害とファン文化の不幸な関係――ジャニーズ問題とわたしたち」『世界』二〇二三年一二月号
第7章　「〈スペクタクル〉な社会を生きる女性たちの自律化とその矛盾」松本健太郎編『理論で読むメディア文化――「今」を理解するためのリテラシー』新曜社、二〇一六年
第8章　「娯楽と恥辱とルッキズム」『現代思想』二〇二一年一一月号
第9章　「自由と抑圧のはざまでかわいさを身にまとう」『ユリイカ』二〇一五年九月号
第10章　「のがれること・つくること・つながること」『ユリイカ』二〇二〇年九月号

書籍化にあたり大幅に加筆修正いたしました。

田中東子（たなか・とうこ）

1972年生まれ。早稲田大学大学院政治学研究科後期博士課程単位取得退学。博士（政治学）。現在、東京大学大学院情報学環教授。専門は、メディア文化論、第三波以降のフェミニズム、カルチュラル・スタディーズ。単著に『メディア文化とジェンダーの政治学』（世界思想社）。共著・編著に『ガールズ・メディア・スタディーズ』（北樹出版）、『ジェンダーで学ぶメディア論』（世界思想社）など。共訳書にポール・ギルロイ『ユニオンジャックに黒はない』（月曜社）、アンジェラ・マクロビー『フェミニズムとレジリエンスの政治』（青土社）などがある。

オタク文化とフェミニズム

2024年9月15日　第1刷印刷
2024年9月30日　第1刷発行

著　者　　田中東子

発行者　　清水一人
発行所　　青土社
101-0051　東京都千代田区神田神保町1-29　市瀬ビル
電話　03-3291-9831（編集部）　03-3294-7829（営業部）
振替　00190-7-192955

装　幀　　山田和寛（nipponia）

印刷・製本　　シナノ印刷
組　版　　フレックスアート

ISBN 978-4-7917-7674-0　Printed in Japan